W0181407

In Sachwerte investieren und
diese sicher aufbewahren

Michael Brückner

In Sachwerte investieren und diese sicher aufbewahren

- Wie Sie Goldbarren, Münzen, Schmuck, Uhren, Bargeld und wichtige Dokumente lagern sollten

- Welche Tresore wirklich etwas taugen

- Die gefährlichsten Verstecke

- Die besten Wertschließfächer

KOPP VERLAG

1. Auflage Januar 2022

Copyright © 2022 bei
Kopp Verlag, Bertha-Benz-Straße 10, D-72108 Rottenburg

Alle Rechte vorbehalten

Lektorat: Swantje Christow
Satz und Layout: Nicole Lechner
Umschlaggestaltung: Arif Turhan

ISBN: 978-3-86445-860-6

Gerne senden wir Ihnen unser Verlagsverzeichnis
Kopp Verlag
Bertha-Benz-Straße 10
72108 Rottenburg
E-Mail: info@kopp-verlag.de
Tel.: (0 74 72) 98 06-10
Fax: (0 74 72) 98 06-11

Unser Buchprogramm finden Sie auch im Internet unter:
www.kopp-verlag.de

Inhalt

Vorwort

Das »Kleinodien«-Investment

Liebe Leserin, lieber Leser!

Wohin mit dem Geld? Noch nie war diese Frage so aktuell wie heute. Für Rücklagen auf Sparkonten gibt es keine Zinsen mehr; manche Banken berechnen sogar Negativzinsen und bezeichnen diese euphemistisch als »Verwahrentgelt«. Und als wäre das nicht genug, stieg im Jahr 2021 auch die Inflationsrate mit bemerkenswerter Dynamik an. Zudem bedarf es keiner prophetischen Begabung, um für die nächsten Jahre drastisch steigende Energiepreise vorauszusagen. In diesem Umfeld wird die eingangs gestellte Frage »Wohin mit dem Geld?« mit der Empfehlung beantwortet, dieses in Sachwerte zu investieren.

Im Mittelpunkt des vorliegenden Buches stehen jedoch nicht die klassischen Sachwerte Immobilien und Aktien, sondern eher die Kleinodien, die ihren Besitzern nicht nur Freude bereiten, sondern auch mobil sind. Mit dem Gegenwert von ein paar Goldbarren und -münzen sowie lupenreinen Diamanten, die sich – wenn man vom Sicherheitsrisiko einmal absieht – ohne größeren Aufwand und recht diskret von A nach B transportieren lassen, kann man im Notfall schon 2 oder 3 Jahre recht kommod leben.

Wer aber in solche »Kleinodien« investiert, dem stellt sich bald eine andere Frage: Wie und wo sollte man diese Sachwerte so sicher wie möglich aufbewahren? Zu Hause verstecken? Einen Tresor anschaffen und die eigene Wohnung in eine Art Fort Knox verwandeln? Sollte man seine Goldschätze im Garten vergraben? Ich würde davon abraten und stattdessen ein Wertschließfach anmieten – bei einer Bank, einem Edelmetallhändler oder einem anderen Unternehmen, das sich auf solche Angebote spezialisiert hat. Entsprechende Empfehlungen gebe ich Ihnen in diesem Buch. Die Nachfrage nach solchen Wertschließfächern ist groß, und gerade bei vielen Banken haben Sie allenfalls noch Chancen, auf der Warteliste zu landen. Doch wie gesagt: Es gibt Alternativen zu Bankschließfächern.

Dieses Ratgeber-Buch ist in vier Abschnitte gegliedert. Im ersten geht es um die Frage, welche Vor- und Nachteile Sachwerte aufweisen. Im Anschluss daran stelle ich Ihnen mehrere »Kleinodien« vor, die sich als alternative Assets für Ihr Sachwerte-Portfolio eignen. Danach erfahren Sie, wo Sie diese Sachwerte erwerben können, und schließlich geht es um die Frage einer sicheren Verwahrung. Ein kleines Sachwerte-Lexikon rundet dieses Buch ab. In allen Kapiteln steckt dabei ein hohes Maß an praktischem Nutzwert.

Ich wünsche Ihnen eine inspirierende Lektüre und ein ebenso erfolgreiches wie lustbetontes Investment in werthaltige Kleinodien.

Michael Brückner
Ingelheim, im November 2021

Einleitung

Der Goldschatz von Javne

Oz Cohen und einer seiner früheren Mitschüler wollten die Zeit zwischen Schulabschluss und dem Beginn des Militärdienstes möglichst sinnvoll verbringen. Und da sich beide für die Geschichte ihres Landes Israel und des gesamten Nahen Ostens interessierten, meldeten sie sich bei der Altertumsbehörde ihres Landes und boten an, im Rahmen eines Freiwilligendienstes bei Ausgrabungen südlich von Tel Aviv zu helfen. Die ersten Wochen verliefen unspektakulär und vermutlich ziemlich langweilig für die beiden Jugendlichen. Das änderte sich schlagartig. Oz Cohen entdeckte bei seinen Grabungen in der israelischen Stadt Javne etwas seltsam Glänzendes. »Was um alles in der Welt ist das?«, fragte er seinen Kumpel. »Sieht aus wie Blätter, lass uns vorsichtig weitergraben«, schlug der Freund vor. Und plötzlich traute Cohen seinen Augen nicht: »Als ich genauer hinsah, bemerkte ich, dass es Goldmünzen waren. Es war wirklich aufregend, einen solchen Schatz zu finden«, wird Cohen später Medienvertretern aus aller Welt erklären.

Und in der Tat, die beiden Jugendlichen waren auf einen Goldschatz gestoßen. Die 425 Münzen waren aus purem Gold, etwa 1100 Jahre alt und in ausgezeichnetem Zustand. Ihr Gesamtgewicht betrug nicht weniger als 845 Gramm. Robert Kool von der Altertumsbehörde war begeistert. Nach seiner Expertise stammte der Goldschatz von Javne aus dem späten 9. Jahrhundert. Zu dieser Zeit habe sich das Kalifat der Abbasiden von Persien im Osten bis Nordafrika erstreckt. Zentrum sei Bagdad gewesen.[1]

Danach begann das große Rätselraten. Warum hatte vor etwa 1100 Jahren ein Unbekannter einen solchen Schatz nahe dem Mittelmeer vergraben? Tatsächlich gab es damals keine kriegerischen Auseinandersetzungen in der Region. Hatte der Besitzer der Münzen seinen Schatz gestohlen? Wollte er das Gold vor der habgierigen Verwandtschaft in Sicherheit bringen? Immerhin hätte man sich nach Schätzungen von Experten für diesen Goldschatz zu jener Zeit, als er vergraben wurde, ein Herrenhaus in einem noblen Stadtteil kaufen können. Münzexperte Robert Kool geht daher davon aus, dass die Münzen nur vorübergehend unter der Erde verschwinden sollten – weshalb auch immer. Vermutlich ist der Besitzer später gestorben, ohne einen Angehörigen oder Freund über sein »goldenes Geheimnis« informiert zu haben. Und so lagen die Goldmünzen rund 1100 Jahre unter der Erde – und glänzten so schön wie am ersten Tag.

Was sagt uns diese kurze Geschichte? Sie sagt uns, dass es eine gute Idee ist, langfristig in Gold zu investieren, aber nicht unbedingt eine gute Idee, sein Gold zu vergraben. Falls Sie aber trotzdem ein unterirdisches Versteck für Ihre Schätze suchen, werden wir Ihnen im vorliegenden Buch auch hierzu gern ein paar nutzwertige Tipps geben.

Der Tunnelraub von Berlin

Der bislang wohl spektakulärste Raubüberfall in Deutschland hatte eine relativ lange Vorgeschichte. Im Herbst 2011 betrat ein unauffälliger

Mann eine Geschäftsstelle der Volksbank in Berlin Steglitz. Er gab vor, ein Schließfach anmieten zu wollen und legte hierzu einen niederländischen Pass vor, der auf den Namen »Pavel Hatria« lautete. Die Papiere waren ebenso falsch wie die Personalien des vermeintlichen Neukunden. Die Bankmitarbeiter schöpften indessen keinen Verdacht, schlossen mit dem Mann routinemäßig einen Mietvertrag über eines der freien Schließfächer und führten ihn in den Tresorraum. Was keiner ahnen konnte: Dem angeblichen Niederländer ging es nicht um ein Bankschließfach, vielmehr wollte er den Tresorraum ausspionieren. Wie sind die Schließfächer angeordnet, aus welchem Material sind die Wände, wie ist der Raum abgesichert? Der angebliche Kunde erkannte sehr schnell, dass nicht alle Bereiche des Tresorraums kameraüberwacht waren. Es gab einige »tote Winkel«.

Wenig später mieteten Komplizen des dubiosen Bankkunden einen Tiefgaragenplatz in der Wrangelstraße, unweit der Volksbank, an. Der Stellplatz ist für vier Fahrzeuge konzipiert und mit einem Rolltor von der übrigen Tiefgarage abgeschottet. Eine wichtige Voraussetzung, um aus Sicht der Täter einen ebenso spektakulären wie dreisten Coup erfolgreich umzusetzen.

Im Februar 2012 begann die Bande, einen Tunnel von der Tiefgarage in Richtung Tresorraum der Volksbank zu bohren. Dabei kamen professionelle Diamantbohrmaschinen zum Einsatz, wie sie im Bergbau üblich sind. Dass über dem geplanten Tunnel die vielbefahrene und laute Schlossstraße – die Haupteinkaufsstraße des Berliner Stadtteils Steglitz – verläuft, kommt der Bande sehr zupass. Sie mussten den Lärm der Bohrmaschinen nur mit Decken dämmen, um ihn auf 50 Dezibel herunterzusetzen. Das ist weniger als die Lautstärke des Straßenverkehrs. Mit anderen Worten: Der Lärm der schweren Bohrmaschinen wurde vom Lärm des Straßenverkehrs gleichsam »geschluckt«. Niemand hörte etwas, niemand sah etwas, denn die Baustelle war ja – wie erwähnt – gut abgeschottet. Allein die Bodenbeschaffenheit machte den Tätern arg zu schaffen. Der märkische Sand sei locker, deshalb galt es, die schützenden Holzbohlen möglichst schnell zu montieren, schreibt der Autor Dietmar Seher[2]. Monatelang gruben sich die Bankräuber durch den Berliner Untergrund und schafften in dieser Zeit etwa 120 Tonnen Sand und Erde weg. Mehrfach musste der »Kurs« der Bohrung korrigiert werden, um wirklich zur Stahlbetonwand des Tresorraums zu gelangen.

An einem Samstagmorgen im Januar 2013 wurde bei dem von der Bank beauftragten Sicherheitsunternehmen Alarm ausgelöst. Irgendetwas schien im Tresorraum der Steglitzer Volksbank-Filiale nicht in Ordnung zu sein. Ein Wachmann sollte vor Ort der Ursache für den Alarm auf den Grund gehen. Doch ihm fiel nichts Verdächtiges auf, obgleich auf dem Sicherheitsdisplay ausdrücklich »Alarm Tresor« zu lesen war. Der Wachmann tippte auf einen Fehlalarm. Die Bankräuber konnten ihre Arbeit fortsetzen und am 14. Januar 2013 in den Tresorraum eindringen. Dort brachen sie 294 von 1600 Schließfächern auf und stahlen Bargeld, Gold und Schmuck im Wert von mehreren Millionen Euro (es handelt sich um eine Schätzung, da die Polizei auf die Angaben der Schließfachmieter angewiesen war).

14. Januar 2013, ein trüber Montag mit Schneefall. Als die meisten Berliner noch schliefen und sich allenfalls ein paar Frühaufsteher den Schlaf aus den Augen wischten, ging bei der Feuerwehr Steglitz eine Alarmmeldung ein. Aus der Volksbank-Filiale und der nahen Tiefgarage stieg dichter Rauch auf. Wenige Minuten später waren die Feuerwehrleute vor Ort – und trauten zunächst ihren Augen nicht. Sie waren die Ersten, die den Tunnel der Bankräuber entdeckten und daraufhin sofort die Polizei alarmierten. Um Spuren zu verwischen, hatte die Bande nach ihrem Beutezug Feuer gelegt.

Bei den betroffenen Bankkunden war das Entsetzen groß, als sie erfuhren, dass ihre kostbaren Wertgegenstände und ihr Bargeld einfach geraubt worden waren – hatten sie doch geglaubt, ein Schließfach im Tresorraum einer Bank sei eine wirklich sichere Sache. Das Entsetzen schlug später um in blanke Wut, als sie erfuhren, dass die Wertsachen nicht oder nur viel zu gering versichert waren. Viele Geschädigte schlossen sich zusammen und mandatierten Anwälte. Am Ende einigte man sich außergerichtlich, und die betroffenen Bankkunden wurden zumindest teilweise entschädigt. Der spektakuläre Coup schaffte es später sogar in die ZDF-Sendung *XY ungelöst*.

Der spektakuläre Bankraub und die reiche Beute der Täter weckten offenbar auch bei anderen Kriminellen die Begehrlichkeit. Im August 2013 versuchten Einbrecher in Berlin-Wedding durch einen selbst angelegten Tunnel in den Tresorraum einer Bank zu gelangen. Die Täter bedienten sich ähnlicher Bohraufsätze wie die Räuber von Steglitz und wären fast bis in den Tresorraum vorgedrungen. Dann allerdings wurde Alarm ausgelöst. Die Täter ergriffen die Flucht, Polizei und Wachschutz kamen zu spät.[3]

Wer Bargeld, wichtige Dokumente, Goldbarren, Schmuck, Uhren oder andere Wertgegenstände im Schließfach einer Bank verwahrt, fühlt sich auf der sicheren Seite. Vermutlich haben auch Sie sich nach Bekanntwerden des Tunnelraubs gefragt, wie so etwas nur passieren konnte. Wie war es möglich, dass die Täter über mehrere Monate hinweg einen Tunnel unter einer belebten Hauptgeschäftsstraße graben konnten? Weshalb wurde niemand misstrauisch, als tonnenweise Schutt aus einer Tiefgarage abtransportiert wurde? Und sind Ihre Wertgegenstände im Schließfach einer Bank oder eines privaten Schließfachanbieters wirklich sicher aufbewahrt?

Um mit der letzten Frage zu beginnen: Selbstverständlich sind Ihre Wertsachen in einem Schließfach erheblich sicherer aufgehoben als bei Ihnen zu Hause. Der Berliner Tunnelraub war spektakulär, deshalb spielte er auch in den Medien eine so große Rolle. Solche Fälle sind aber extrem selten; die statistische Wahrscheinlichkeit, dass Sie zu Hause von Räubern überfallen werden, dürfte erheblich größer sein, als Opfer eines Einbruchs in einen Tresorraum zu werden, zumal die Anbieter solcher Wertschließfächer nach dem Megacoup von Berlin ihre Sicherheitsmaßnahmen weiter erhöht haben.

Dennoch wirft der Tunnelraub von Berlin bis heute einige grundsätzliche Fragen auf:

1. Weshalb ist der Wachmann dem eingehenden Alarm nicht genauer auf den Grund gegangen?
2. Weshalb wurde kein verantwortlicher Mitarbeiter der Bank informiert?
3. Weshalb gab es im Tresorraum offenbar Sicherheitslücken (tote Winkel bei der Kameraüberwachung)?
4. Hatte die Bank in den Jahren zuvor sicherheitstechnisch aufgerüstet, oder entsprach der Sicherheitsstandard den 1970er- oder 1980er-Jahren (eine Wand aus Stahlbeton stellt – wie der Fall Steglitz zeigt – für wirkliche Profis unter den Einbrechern kein Hindernis mehr dar)?
5. Gefragt werden muss aber auch: Weshalb verzichten die Schließfachmieter oft aus falscher Sparsamkeit auf eine angemessen hohe Versicherung des Schließfachinhalts?

Ich werde Ihnen in diesem Buch wichtige Praxistipps geben, worauf Sie bei der Anmietung eines Schließfachs achten sollten. Und Sie erfahren darüber hinaus auch, weshalb es Sinn machen kann, bei einem seriösen bankenunabhängigen Anbieter von Wertschließfächern anzumieten. Jedenfalls sollten Sie, wenn Sie ruhig schlafen möchten, unbedingt die Spreu vom Weizen trennen und Vorkehrungen für den Ernstfall treffen, auch wenn ein so spektakulärer Fall wie in Berlin Steglitz wirklich sehr selten vorkommt.

Wie sicher sind Ihre Wertsachen zu Hause?

Stolz wie Oskar stellte der damalige Bundesinnenminister Horst Seehofer (CSU) im Frühjahr 2021 die Kriminalstatistik für das Jahr 2020

vor. Deutschland bleibe eines der sichersten Länder der Welt, hieß es.
Der Eindruck vieler Bürger ist zwar ein anderer, doch wollen wir die
offiziellen Zahlen des Innenministeriums an dieser Stelle nicht hin-
terfragen, weil dies nicht das Thema des vorliegenden Buches ist. Nur
eine Zahl fällt auf und ist auf den ersten Blick durchaus geeignet, die
durch die zahlreichen Wohnungseinbrüche der vergangenen Jahre
verunsicherten Bürger zu beruhigen. Nach Angaben des Ministeri-
ums ist die Zahl der Wohnungseinbrüche in Deutschland im Jahr 2020
erneut deutlich gesunken. Die Polizeiliche Kriminalstatistik weist
exakt 75 023 Fälle aus. Die meisten Wohnungseinbrüche wurden nach
einer Statistik des Gesamtverbandes der Deutschen Versicherungs-
wirtschaft (GDV) im Jahr 2015 verzeichnet. Damals lag die Zahl der
Einbrüche bei rund 180 000.

Der Wert des erbeuteten Diebesgutes ging von 292 Millionen Euro im
Jahr 2019 auf 216 Millionen im Jahr 2020 zurück. Sollte man daher in
Erwägung ziehen, zumindest Teile seiner Sachwerte zu Hause aufzu-
bewahren – zumal, wenn man noch über einen qualitativ hochwerti-
gen Tresor verfügt? Ich rate zur Zurückhaltung, denn die Polizeiliche
Kriminalstatistik des Jahres 2020 ist mit großer Vorsicht zu genießen.
Und zwar aus folgenden Gründen:

1. Trotz der rückläufigen Tendenz der Gesamtzahl der Wohnungs-
    einbrüche wird in Deutschland nach wie vor alle 7 Minuten ein
    Einbruchversuch unternommen. Manche von ihnen gelingen,
    andere nicht. Man darf die Gefahr eines Einbruchdiebstahls
    nicht auf die leichte Schulter nehmen und leichtsinnig werden.
2. Sie erinnern sich – wie wir alle – sicher noch allzu gut an die
    besonderen Umstände des Jahres 2020: In Deutschland und den
    Nachbarstaaten ging die Corona-Panik um. Zahlreiche Arbeit-
    nehmerinnen und Arbeitnehmer verließen nicht mehr ihre
    Wohnungen, um in die Firma zu gehen, sondern waren im
    Homeoffice tätig. Viele Menschen verzichteten auf Urlaub, weil
    sie Angst davor hatten, sich nach ihrer Rückkehr tagelang in
    Quarantäne begeben zu müssen. Plakativ ausgedrückt: Balkonien

statt Badeurlaub war angesagt. Restaurants, Kinos, Theater usw. blieben geschlossen, auf den Straßen war erhöhte Polizeipräsenz festzustellen. Für potenzielle Einbrecher stellte dieses Umfeld mit seinem völlig veränderten Arbeits- und Freizeitverhalten der Menschen ein hohes Risiko dar. In eine Wohnung einzudringen, in der sich die gesamte Familie aufhält, während unten auf der Straße die Polizei patrouilliert? Dieses Risiko gehen wohl nur ganz abgebrühte Einbrecher ein. Mit anderen Worten: Die Corona-Maßnahmen, so umstritten sie auch sein mögen, haben dazu beigetragen, die Zahl der Wohnungseinbrüche zu reduzieren. Und da es auch im Jahr 2021 im Zusammenhang mit Corona noch zu deutlichen Restriktionen kam (unter anderem sogar zu nächtlichen Ausgangssperren), ist wohl davon auszugehen, dass die Zahl der Wohnungseinbrüche auch 2021 auf vergleichsweise geringem Niveau verharren dürfte. Das sagt freilich nichts darüber aus, wie sich die Gefährdungslage in 2, 3 oder 5 Jahren darstellen wird.

3. In der Einbruchsstatistik sind starke regionale Unterschiede festzustellen. So sank die Zahl der Einbrüche im Jahr 2020 zum Beispiel in Schleswig-Holstein (-27 Prozent) und Baden-Württemberg (-26,8 Prozent) in der Tat signifikant, in Bayern (-3,7 Prozent) und Thüringen (-4,8 Prozent) allerdings nur sehr moderat. Unterschiede gibt es auch bei der Aufklärungsquote. Sie schwankte zwischen 6,7 Prozent in Hamburg und 30,4 Prozent in Mecklenburg-Vorpommern (bundesweit 17,6 Prozent). Der Grad Ihres Risikos hängt also davon ab, in welcher Region Deutschlands Sie leben.

Fazit: Es ist grundsätzlich nicht empfehlenswert, wichtige Dokumente, Bargeld (außer einer kleinen Notreserve) oder Wertgegenstände zu Hause aufzubewahren. Falls Sie sich dennoch dazu entscheiden, zumindest einen kleineren Teil davon in den eigenen vier Wänden zu verwahren, dann sollten Sie sich einen qualitätsgeprüften Safe oder Kleintresor zulegen. Eine Verankerung des Tresors im Fußboden oder in einer massiven Wand sorgt dafür, dass er nicht komplett gestohlen werden kann. Doch bedenken Sie: Raubüberfälle verlaufen immer brutaler. Manche Verbrecher nehmen sogar schwerste Verletzungen oder den Tod des Opfers in Kauf, um an die Wertsachen oder an Bargeld zu kommen. Sie werden nicht zögern, Sie unter Umständen mit brutaler Gewalt zu zwingen, ihren Tresor zu öffnen.

1.
Sachwerte breit streuen

Warum überhaupt Sachwerte?

Was passiert, wenn eine Kerze an beiden Enden brennt? Klar: Sie erlischt schneller. Einen ähnlichen Effekt erleben viele Sparer und Anleger mit ihrem Vermögen und den Rücklagen für den Ruhestand. Von zwei Seiten wird das Geld gleichsam aufgezehrt. Auf der einen Seite eine steigende Inflation, auf der anderen Seite die von immer mehr Banken berechneten Strafzinsen, von den Geldinstituten beschönigend »Verwahrentgelt« genannt. Viele Sparer sehnen sich wieder nach höheren Zinsen, um damit zumindest einen Teil der Inflation ausgleichen zu können und nicht die Risiken einer Aktienanlage in Kauf nehmen zu müssen. Aber machen wir uns nichts vor: Die Verschuldungslage der Staaten ist nach wie vor sehr hoch (und in den Corona-Jahren weiter gestiegen). Wenn überhaupt, dann wird die Zinssituation in den nächsten Jahren nur in Trippelschrittchen zu halbwegs normalen Verhältnissen zurückkehren.

Gleichzeitig ist die Inflationsrate in den vergangenen Monaten deutlich gestiegen. Das sei alles nur vorübergehend, versuchen uns Politiker und Notenbanker zu beruhigen. Natürlich ist jede Inflation »nur vorübergehend«. Sogar eine Hyperinflation endet irgendwann – meist mit einer Währungsreform.

Gewiss, es gab Jahre, da lag die Inflation in Deutschland etwa genauso hoch wie derzeit – teilweise noch höher. Zum Beispiel 1992 (5 Prozent). Nichts ist bekanntlich so schlimm, als dass es nicht noch schlimmer werden könnte. Doch sollte man auch eine Inflationsrate von 4 Prozent nicht unterschätzen, was folgendes Rechenbeispiel belegt. Angenommen, Sie haben 10 000 Euro auf der hohen Kante. Bei einer durchschnittlichen Inflationsrate von 4 Prozent p. a. verlieren Ihre Ersparnisse in 5 Jahren sage und schreibe 17,81 Prozent an Kaufkraft. Wie stark der Kaufkraftverlust in Abhängigkeit von der Inflationsrate und der Laufzeit abhängt, habe ich Ihnen in der folgenden Tabelle zusammengestellt:

So wirkt die Inflation
Kaufkraftverlust in Prozent / 10 000 Euro Kapital

Inflationsrate	Laufzeit 5 Jahre	10 Jahre	15 Jahre
2 %	-9,43	-17,97	-25,70
3 %	-13,74	-25,59	-35,81
4 %	-17,81	-32,44	-44,47
5 %	-21,65	-38,61	-51,90

Quellen: Finanzen-Rechner.net / Eig. Berechnungen

In Krisenzeiten und bei anziehender Inflation investieren Anleger zunehmend in Sachwerte. Diese gelten nämlich als inflationsunabhängige Güter. Dabei wird unterstellt, dass sich für jeden verfügbaren Sachwert ein Käufer findet, der unabhängig von der Inflation einen bestimmten Betrag für einen Sachwert zu zahlen bereit ist. Das stimmt, wenngleich auch nur zum Teil. Denn die angeblich krisensicheren Sachwerte erweisen sich keineswegs allesamt als resistent gegenüber

Inflation, Währungskrisen und Zinsveränderungen. Die lang andauernde Null- und Negativzinspolitik hat zum Beispiel dazu geführt, dass Investoren verstärkt Immobilien oder Aktien kauften. Die Preise beziehungsweise Kurse für diese klassischen Sachwerte sind in den vergangenen Jahren daher erheblich gestiegen – und damit wächst das Risiko eines Crashs. Schließlich gilt: Je höher man steigt, desto tiefer kann man fallen. Und auch der Goldpreis ist von einer Reihe exogener Faktoren abhängig. So treibt etwa ein schwacher US-Dollar den Goldpreis in die Höhe, ein starker Dollar hat den gegenteiligen Effekt. Ein steigendes Zinsniveau wirkt sich negativ auf den Goldpreis aus, fallende oder konstant niedrige Zinsen eher positiv. Und nicht zuletzt entscheiden Spekulanten und auch die Notenbanken, in welche Richtung sich der Goldpreis entwickelt.

Dennoch: Ein gut strukturiertes Sachwerte-Portfolio erhöht die Resilienz Ihres Vermögens gegenüber der inflationsbedingten Geldwertvernichtung. Sachwerte verfügen über einen »inneren Wert«. Das macht sie so attraktiv.

Sachwerte-Portfolio diversifizieren

»Wer gut streut, rutscht nicht aus«, so lautet eine einprägsame Empfehlung bei der Geldanlage. Ursprünglich bedeutete dies: Als Sparer oder Anleger sollten Sie nicht alles auf ein Sparbuch oder ein Festgeldkonto einzahlen, sondern mit einem kleineren Teil Ihres Vermögens auch Gold, Aktienfonds oder ETFs (Exchange Traded Funds), die zum Beispiel den Dax eins zu eins abbilden, kaufen. Seit Ihnen Banken aber nur noch Magerzinsen zahlen und im schlimmsten Fall sogar Negativzinsen abknöpfen, sind Sparkonten und Zinspapiere nicht mehr interessant. Damit verliert Ihr Vermögen bei zunehmender Inflation mehr und mehr an Geldwert. Allenfalls kommen in einem solchen Umfeld noch Inflationsanleihen in Betracht. Bei diesen sogenannten Linkern handelt es sich in der Regel um Staatsanleihen. Der Anleger bekommt zur jährlichen Zinszahlung einen Inflationsausgleich. Auch die Rückzahlung berücksichtigt die Inflationsentwicklung; das heißt, der Anleger erhält den Nennwert plus Inflationsausgleich. Grundsätzlich lässt sich also sagen: Je höher die Inflation, desto mehr profitiert der Anleger von seinen Linkern. Das nur zur Vollständigkeit, denn auch Linker sind letztlich Geld- und keine Sachwerte. Wir wollen uns in diesem Buch aber vor allem mit Sachwerten und deren sicherer Verwahrung beschäftigen.

Ich unterscheide drei Kategorien von Sachwerten:

1. **Die»Klassiker«:** Dazu gehören Immobilien, Aktien und Edelmetalle (vor allem Gold und Silber).
2. **Die»Sweethearts«:** Bei diesen Sachwerten geht es meist weniger um Investments als vielmehr um Sammelleidenschaft. Unter Umständen können mit diesen Sachwerten aber trotzdem ansehnliche Renditen erzielt werden. Dazu zählen etwa Schmuck, Nonvaleurs (historische Wertpapiere), Schreibgeräte oder historische wissenschaftliche Instrumente.
3. **»Hybride«:** Diese Sachwerte werden sowohl von Sammlern als auch von Kapitalanlegern gekauft. Wie bei den»Sweethearts« spielt bei den Käufern dieser Sachwerte die emotionale Rendite eine große Rolle. Wer auf Wertsteigerung spekuliert, sollte über ein hohes Maß an Know-how verfügen. Zu den wichtigsten »Hybriden« zähle ich Diamanten und Farbedelsteine, Weine, Oldtimer, Uhren, Münzen und vor allem natürlich Kunstobjekte.

Während sich die Preise beziehungsweise Kurse für die»Klassiker« an den Märkten bilden (zum Beispiel an der Börse), gibt es für die Kategorien 2 und 3 Sammlermärkte. Das ist Fluch und Segen zugleich. So kann es nämlich passieren, dass die Werke eines bestimmten Künstlers aktuell regelrecht gehypt werden und zu hohen Preisen ihre Besitzer wechseln, aber in 10 oder 15 Jahren kaum noch gefragt und nur mit erheblichen Preisabschlägen zu verkaufen sind. Zuweilen kommen aber auch sehr zahlungskräftige Sammler auf den Markt, die geradezu wahnsinnig hohe Summen in das Objekt ihrer Begierde investieren. So entstehen mitunter bizarre Preise, weil finanziell sehr potente Zeitgenossen ihre Sammlung vervollständigen wollen – koste es, was es wolle. Es lässt sich trefflich darüber streiten, ob Edvard Munchs Bild *Der Schrei* tatsächlich einen Rekordpreis von 119 922 500 US-Dollar verdient. Jedenfalls wurde diese Zuschlagssumme bei einer Auktion bei Sotheby's in New York erzielt. Und ob die seltene Briefmarke *Rote Mauritius* wirklich einen Preis von 8,1 Millionen Euro wert ist (bei dieser Summe fiel der Hammer bei einer Auktion in Ludwigsburg im Jahr 2021), darüber dürften die Meinungen auseinandergehen. Fakt ist aber, dass es finanzkräftige Sammler gibt, die bereit sind, solche Summen für rare Objekte zu zahlen.

Wenn also ein Anleger und Sammler eine persönliche Affinität zu den genannten »Sweethearts« und »Hybriden« hat, kann er durchaus auch in einen etwas exotischeren Sachwert investieren. Anders ausgedrückt: Die Geldanlage darf durchaus auch Freude bereiten – und diese Feststellung bezieht sich nicht nur auf die erzielbare Rendite.

Allerdings sollte man sich immer darüber im Klaren sein, dass Sachwerte – vor allem die etwas exotischeren – höchst unterschiedliche Merkmale aufweisen, die ich Ihnen auf den folgenden Seiten vorstellen möchte.

Kriterien, auf die Sie achten sollten

Bevor Sie darangehen, Ihr Portfolio zu diversifizieren, sollten Sie sich – unabhängig von Ihrer persönlichen Affinität – über die Vor- und Nachteile der unterschiedlichen Sachwerte, seien es nun »klassische« oder »exotische«, im Klaren sein. Hier die wichtigsten acht Kriterien:

1. **Fungibilität.** Dieser Begriff steht für Austauschbarkeit oder Ersetzbarkeit. Salopp ausgedrückt: Wie schnell können Sie einen Sachwert

wieder zu Geld machen? Das gilt aber auch umgekehrt: Mit welchem Zeitaufwand ist es möglich, Geld in Sachwert zu tauschen? Eine Aktie, aber auch Aktienfonds und ETFs können Sie in wenigen Sekunden verkaufen oder kaufen. Ein Mausklick genügt. Bei Offenen Immobilienfonds ist das schon erheblich schwieriger. Anteile an Offenen Immobilienfonds müssen Sie mindestens 2 Jahre halten und die Rückgabe von Fondsanteilen mit einer Frist von 12 Monaten ankündigen. Geht einem Fonds trotz dieser Haltefristen die Liquidität aus, kann er bis zu 36 Monate geschlossen werden. Mit anderen Worten: Die Fungibilität eines Offenen Immobilienfonds ist ausgesprochen schlecht. Und auch wer eine Immobilie verkaufen möchte, braucht einen langen Atem. Objekte in guter bis sehr guter Lage werden aufgrund der seit Jahren hohen Nachfrage und der günstigen Finanzierungskonditionen in vielen Fällen zwar relativ schnell einen Käufer finden, das ist aber nicht die Regel. Grundsätzlich gilt: Eine Immobilie haben Sie im Schnitt in einer Stunde gekauft (so lange dauert in etwa der Notartermin), aber es kann Monate oder Jahre dauern, bis Sie das Objekt wieder verkauft haben.

Die Fungibilität von Edelmetallen hingegen ist hoch: Sie können Ihre Goldmünzen oder -barren jederzeit bei einer Scheideanstalt (zum Beispiel der ESG), einem Goldhändler (etwa Degussa Goldhandel oder pro aurum) oder auch bei einer Bank verkaufen und erhalten den Ankaufspreis gleich bar ausgezahlt oder in wenigen Tagen auf Ihr Konto überwiesen. Das gilt natürlich auch für andere Edelmetalle, wie Silber, Platin oder Palladium. Schwieriger ist der Verkauf von Diamanten und Farbedelsteinen. Zwar gibt es jede Menge Händler und Juweliere, die mit dem Ankauf von Edelsteinen werben, doch sollten Sie mit zum Teil deutlichen Preisabschlägen rechnen. Mein Tipp: Holen Sie sich unbedingt mehrere Angebote ein, sonst besteht die Gefahr, dass Sie über den Tisch gezogen werden.

Bei wertvollen Schweizer Uhren hängt die Fungibilität in starkem Maße von der Marke und dem Modell ab. Eine gepflegte Rolex mit

Papieren und Box zu verkaufen sollte kein Problem darstellen. Bei weniger begehrten Marken sind die erzielbaren Verkaufserlöse oftmals enttäuschend. Uhren der Marke Patek Philippe wiederum erzielen zwar in vielen Fällen sehr gute Preise, allerdings meist nur bei einem Verkauf über ein Auktionshaus, das eine entsprechend zahlungskräftige Zielgruppe anspricht.

Auch die Fungibilität von Oldtimern, Kunstgegenständen, Sammlermünzen und Briefmarken ist stark davon abhängig, ob die angebotenen Objekte gerade en vogue und bei anderen Sammlern gefragt sind und ob die Sachwerte über ein spezialisiertes Auktionshaus mit entsprechendem Netzwerk verkauft werden. Generell aber gilt: Je spezieller oder auch exotischer der Sachwert, desto eingeschränkter ist seine Fungibilität. Es handelt sich dann vor allem um Liebhaberstücke.

2. **Steuern.** Ganz gleich, welche Waren oder Dienstleistungen Sie in Deutschland kaufen, sie zahlen stets 19 Prozent und für bestimmte Produkte (zum Beispiel Zeitungen) 7 Prozent Umsatzsteuer. In Österreich gelten 20 beziehungsweise 10 Prozent. Auch für Edelmetalle wie Silber, Palladium oder Platin zahlen Sie Mehrwertsteuer. Einzige Ausnahme: Gold. Sie können tatsächlich beliebige Mengen an Goldbarren oder Anlagemünzen kaufen, ohne dafür Mehrwertsteuer zahlen zu müssen. Die Mehrwertsteuerbefreiung gilt seit dem Jahr 2000 übrigens in der gesamten Europäischen Union (EU). Und wenn Sie Ihre Goldmünzen nach über einem Jahr – und damit nach Ablauf der 12-monatigen Spekulationsfrist – wieder verkaufen, können Sie Ihren Gewinn steuerfrei vereinnahmen. In dieser Hinsicht ist Gold in steuerlicher Hinsicht geradezu privilegiert. Allerdings gibt es eine Ausnahme: Für bestimmte alte goldene Sammlermünzen müssen Sie Mehrwertsteuer zahlen. Siehe Infokasten auf Seite 26.

Wie erwähnt, wird für andere Edelmetalle eine Mehrwertsteuer (oder steuerrechtlich korrekt ausgedrückt: Umsatzsteuer) fällig.

Wenn Sie also zum Beispiel einen Platinbarren kaufen, zahlen Sie 19 Prozent Umsatzsteuer. Unternehmen haben bekanntlich die Möglichkeit, die gezahlte Umsatzsteuer im Rahmen der Vorsteuer von der von ihren Kunden erhaltenen Mehrwertsteuer abzuziehen. Sie als privater Anleger hingegen müssen die Steuer selbst tragen; was konkret bedeutet: Der Preis für Ihren Platinbarren muss um 19 Prozent steigen, bevor Sie überhaupt eine Rendite einfahren können.

Wann sind Goldmünzen steuerfrei?

Als Anlagemünzen, Anlagegold oder Bullion Coins bezeichnete Münzen müssen in Deutschland folgende Voraussetzungen erfüllen, um steuerfrei angeboten werden zu können:

- Die Feinheit der Goldmünze muss mindestens 900/1000 betragen.
- Die Prägung der Goldmünze muss nach dem Jahr 1800 erfolgt sein.
- Im Ursprungsland der Münze muss sie ein gesetzliches Zahlungsmittel sein oder gewesen sein.
- Der Preis für die Goldmünze darf nicht mehr als 80 Prozent über dem Goldpreis des enthaltenen Goldes liegen.

Sie können die Umsatzsteuer beim Kauf von Silber, Platin oder Palladium nur umgehen, indem Sie die Edelmetalle von einem privaten Verkäufer erstehen oder sich für ein Zollfreilager entscheiden, wie es große Goldhändler wie etwa Degussa anbieten. Zollfreilager sind amtlich zugelassene und überwachte Lager, in denen Waren unversteuert und unverzollt (zwischen-)gelagert werden können. Ihr Vorteil: Sie sparen die Umsatzsteuer, die beim Kauf eines 100-Gramm-Platinbarrens schon mal über 600 Euro ausmachen kann (Stand: September 2020). Allerdings ist für die Eröffnung eines Zollfreilagers in der Regel ein Mindestvolumen erforderlich, außerdem fallen Lagerkosten an, die – je nach Edelmetall und Gesamtwert der gelagerten Edelmetalle – zwischen 0,4 und 1,75 Prozent der Metalle ausmachen (dieses Beispiel bezieht sich auf pro aurum, Herbst 2021).

Wenn Sie sich für die Verwahrung Ihrer Edelmetalle in einem Zollfreilager entscheiden, sind Sie Eigentümer der Ware, aber nicht in deren Besitz. Sie können aber natürlich über Ihre dort gelagerten Barren und Münzen verfügen und sie auch nach Deutschland einführen; als steuerehrlicher Bürger müssen Sie dann allerdings die Umsatzsteuer nachzahlen.

Für alle anderen Wertgegenstände – zum Beispiel Uhren, Schmuck, Antiquitäten, Briefmarken- und Münzsammlungen, Wein, Oldtimer und auch Bitcoins – gilt die bereits erwähnte 12-monatige Spekulationsfrist. Wenn Sie also eine Uhr innerhalb von 6 Monaten nach dem Erwerb wieder verkaufen, muss der eventuelle Veräußerungsgewinn, sofern er nicht unter 600 Euro liegt, versteuert werden. Nach Ablauf der Spekulationsfrist ist der Gewinn hingegen steuerfrei.

Für Immobilien (Gebäude, Gebäudeteile, Eigentumswohnungen, unbebaute Grundstücke usw.) gilt eine 10-jährige Spekulationsfrist. Aktiengewinne und Dividenden müssen mit der Abgeltungssteuer zuzüglich gegebenenfalls Kirchensteuer und bei entsprechend hohem Einkommen auch Solidaritätszuschlag (Stand: 2021) versteuert werden.

Fazit: Aus steuerlicher Sicht ist Anlagegold gegenüber anderen Sachwerten klar im Vorteil. Der Erwerb ist mehrwertsteuerfrei, und nach Ablauf von 12 Monaten können auch Veräußerungsgewinne steuerfrei vereinnahmt werden.

3. **Flexibilität:** Osvaldo Patrizzi, Gründer des Genfer Auktionshauses Antiquorum, sagte einmal augenzwinkernd, mit einer Rolex am Handgelenk komme man leichter durch den Zoll als mit einem Picasso unterm Arm. Als Uhren-Auktionator muss er das wohl

sagen, doch sollte man diesem flotten Spruch nicht unbedingt vertrauen. Denn der Zoll macht seit Jahren Jagd auf Uhrensammler, die ihre im Ausland erworbenen Schätze über die Grenze schmuggeln wollen. Richtig hingegen ist, dass auch die Flexibilität und Mobilität eines Sachwertes ein wichtiges Kriterium ist. Eine Immobilie ist eben immobil. Daher sollte man vor dem Kauf eine genaue Standortrecherche vornehmen. Man kann ein Gebäude sanieren, ausbauen und luxuriös ausstatten. Aber man kann es nicht einfach »versetzen«, wenn in der Nachbarschaft der Immobilie ein sozialer Brennpunkt entsteht, was sich natürlich extrem auf den Wert des Objekts auswirkt.

Das krasse Gegenbeispiel: Diamanten. Ein lupenreiner Zweikaräter in hochfeinem Weiß mit GIA-Zertifikat repräsentiert den Wert einer Luxuslimousine. Wobei 2 Karat eben gerade 0,4 Gramm entsprechen. Diamanten und wertvolle Farbedelsteine sind also sehr flexibel und mobil. Es bereitet keinerlei Probleme, sie von A nach B zu transportieren, sieht man von den nötigen Sicherheitsmaßnahmen einmal ab. Gold, Palladium und Platin sind ebenfalls sehr flexibel, allerdings stellt Sie die Investition eines größeren Betrags in Silber schon vor logistische Herausforderungen. Sollten Sie wirklich hohe Summen in das »Gold des kleinen Mannes«, wie Silber bisweilen genannt wird, investieren wollen, kommt wegen des großen Volumens sowie des Steuervorteils (keine Mehrwertsteuer) das erwähnte Zollfreilager in Betracht. Kleinere Silberbarren und -münzen können Sie zu Hause in einem Tresor lagern. Die Lagerung in einem Wertschließfach ist nur bedingt zu empfehlen, weil Sie sehr viel Platz brauchen, wenn Sie viel Geld in Silberbarren oder -münzen anlegen. Die Flexibilität des physischen Silbers ist also deutlich schlechter als die des Goldes.

Briefmarken und Münzen werden für gewöhnlich in repräsentativen Alben aufbewahrt, die ebenfalls viel Platz in Anspruch nehmen. Sie sollten bei der Anmietung eines Wertschließfachs daher auf ausreichend Raum achten.

4. Nutzwert. »Schon mein ganzes Leben lang hab ich seine Farbe geliebt, seinen Glanz, seine göttliche Schwere.« So schwärmte einst Auric Goldfinger, der berühmte Schurke aus dem James-Bond-Streifen *Goldfinger*. In der Tat kann es fast schon ein sinnliches Vergnügen sein, einen alten, gegossenen (keinen gepressten, wie heute üblich) Goldbarren in der Hand zu halten. Ansonsten aber weist Gold – ebenso wie die anderen Edelmetalle zur Geldanlage – keinen Nutzwert auf. Es sei denn, Sie lassen zum Beispiel eine Goldmünze fassen und tragen sie als Schmuck.

Keinerlei Nutzwert haben Aktien und andere Wertpapiere. Sie werden digitalisiert in ihr Depot eingebucht und beim Verkauf wieder ausgebucht. Früher waren Aktien kleine Kunstwerke; die Unternehmen verpflichteten renommierte Künstler, ihre Anteilsscheine zu gestalten. Die Aktie spiegelte immer das Image der Aktiengesellschaft wider. Manche Sammler investieren daher bis heute in historische Aktien (wir kommen auf dieses Thema später im Kapitel über »Nonvaleurs« ausführlicher zurück). Diese historischen Aktien sind zum einen dekorativ und eignen sich als Wandschmuck zum Beispiel im Büro, zum anderen bergen die Anteilsscheine seltener Nonvaleurs und haben zum Teil durchaus bemerkenswertes Wertsteigerungspotenzial.

Grundsätzlich bieten Uhren als Kapitalanlage durchaus Nutzwert, schließlich zeigen sie Ihnen die Zeit an. Allerdings dürfen Sie bei teuren Uhren aus der Schweiz oder aus Glashütte nur dann auf Werterhalt oder sogar Wertsteigerung hoffen, wenn Sie diese Zeitmesser nur selten, am besten gar nicht getragen haben. In letzterem Fall spricht man von einer »Tresoruhr«. Selbst kleinste Tragespuren, die kaum zu vermeiden sind, wenn Sie den Zeitmesser am Handgelenk tragen, führen später beim Verkauf zu deutlichen Preisabschlägen.

Den größten Nutzwert unter allen Sachwerten weisen indessen selbst genutzte Immobilien auf: Sie haben den Vorteil, in Ihrer Kapitalanlage wohnen zu können.

5. **Laufende Kosten.** Wenn Sie einen Goldbarren erwerben, verursacht diese Form des Sachwert-Investments weder Arbeit noch Folgekosten. Die Barren oder Münzen lagern im Tresor oder im Wertschließfach, bis sie eines Tages verkauft oder vererbt werden. Für eine Uhrensammlung müssen Sie hingegen schon recht tief in die Tasche greifen. Denn mechanische Uhren (Quarzuhren sind als Kapitalanlage ungeeignet) müssen alle 5–8 Jahre zur Revision. Hierfür muss man für Luxusuhren mit Kosten zwischen 500 und 1000 Euro rechnen. Verfügt der Zeitmesser über mehrere Komplikationen (Zusatzfunktionen), kann der Aufwand sogar deutlich über 1000 Euro liegen.

Auch Oldtimer verursachen hohe laufende Kosten. Schließlich muss das historische Fahrzeug regelmäßig gepflegt und in Schuss gehalten werden. Der österreichische Oldtimerexperte Rainer M. Bertl empfiehlt, die Oldies etwa alle 2 Jahre von einem kundigen Mechaniker warten zu lassen.[4] Hinzu kommen die Kosten für die oftmals schwer zu beschaffenden Ersatzteile und gegebenenfalls die Miete für eine Garage, sofern man nicht selbst über ausreichend geschützte Unterbringungsmöglichkeiten verfügt.

Wer lieber auf edlen Wein statt auf historische Fahrzeuge setzt, muss ebenfalls laufende Kosten einkalkulieren. Korrekte Lagerung und Versicherung können nach Angaben von Schweizer Experten zwischen 1,50 und 2,50 Franken pro Flasche ausmachen, das entspricht etwa 1,40 bis 2,33 Euro.[5]

Die höchsten Folgekosten unter allen Sachwerten bringen naturgemäß Immobilien mit sich. Denn das Objekt altert mit seinen Bewohnern. Im Laufe der Jahre werden teure Reparaturen, Modernisierungs- und Sanierungsmaßnahmen fällig. Außerdem muss der Immobilieneigentümer immer damit rechnen, dass die Regierung neue Umwelt- und Energieauflagen beschließt, deren Umsetzung den Eigentümer finanziell stark belasten und eventuell sogar überfordern kann.

6. Image. Reden ist Silber, Schweigen ist Gold. Das ist mitunter ganz wörtlich zu nehmen. Wer im Tresor zu Hause Goldbarren, Münzen, teure Uhren oder sonstige edle Sachwerte aufbewahrt, tut in der Tat gut daran, darüber zu schweigen. Auch im Freundes- und Kollegenkreis, denn Sie wissen nicht, welche Begehrlichkeiten auf diese Weise geweckt werden und wem die Betreffenden von Ihren Schätzen erzählen. Je weniger von Ihren Werten wissen, desto besser. Ansonsten gehen Sie nur unnötige Risiken ein. Die Diskretion gerät allerdings bisweilen in einen Konflikt mit dem Besitzerstolz. Dass Sie ein schönes Haus Ihr Eigen nennen, lässt sich nicht übersehen. Eine andere Frage ist, ob man unbedingt jeden Tag eine goldene Schweizer Luxusuhr am Handgelenk tragen muss. Das schürt nur Neid. Allerdings wollen Sie sicher auch zeigen, was Sie besitzen, und Ihre Uhrensammlung nicht nur im Tresor lagern. Gleiches gilt zum Beispiel für wertvollen Schmuck. Viele Sachwerte weisen einen hohen Imagefaktor auf: von Immobilien über Oldtimer bis hin zu Uhren und der edlen Weinsammlung. Und vermutlich wollen Sie Ihre Sachwerte nicht aus Sicherheitsgründen permanent verstecken. Manche Uhrensammler haben diesen Spagat ganz pragmatisch gelöst: Sie tragen ihre kostbaren Stücke nur zu besonderen Anlässen. Im Alltag legen sie sich einen preiswerteren Zeitmesser ans Handgelenk.

Fest steht immerhin, dass ein hoher Imagefaktor zur Wertsteigerung oder zumindest zum Werterhalt eines Objekts beiträgt. Warum zum Beispiel kaufen sich manche Zeitgenossen eine Rolex und zahlen dafür einen horrenden Preis, obgleich sie genau wissen, dass sie damit auch die exorbitanten Ausgaben des Herstellers für Marketing und Sponsoring mitfinanzieren. Klare Sache, sie möchten der Umwelt signalisieren, dass sie sich etwas leisten können, und entscheiden sich somit für eine Marke, die weltweit für teuren Luxus steht. Die positive Seite: Sie können Sachwerte mit hohem Imagewert meist für einen guten Preis wiederverkaufen. Ein Sachwert ohne Luxusimage mag von hoher Qualität sein, er ist aber längst nicht so werthaltig wie das Produkt einer Luxusmarke.

Die starken und schwachen Seiten von Sachwerten im Überblick/Wertbestimmende Faktoren

Sachwert	Fungibilität	Steuern	Flexibilität	Nutzwert	Laufende Kosten	Imagefaktor
Anlagegold	+++	++++	++++	0	++++	+++
Diamanten/ Edelsteine	+++	+	++++	0	++++	++++
Uhren	++/+++ (je nach Modell und Marke)	+	+++	++++	+	++++
Oldtimer	++	+	+	++	0	++++
Kunst	++	+	0	0	+++	++++
Immobilien	++/+++ (je nach Lage usw.)	+	0	++++	+	++++
Aktien	++++	++	+++	0	+++	+
Weine	++	+	+	++	++	++++
Briefmarken	+	+	+++	0	++	++
Münzen	+	+	+++	0	+++	++

++++ = sehr gut   +++ = gut   ++ = durchschnittlich   + = schlechter als der Durchschnitt
0 = schlecht

Emotionale Renditen statt Zinsen

Erinnern Sie sich noch an das Jahr 2008? Es war ein gutes Jahr – zumindest für Sparer. Für Festgeld mit einem Anlagezeitraum von 6 Monaten bekam man damals 3,7 Prozent Zinsen p. a. Attraktiv waren auch die Zinsen für Einlagen auf einem Tagesgeldkonto. Die Frankfurter Direktbank DiBa (heute ING Deutschland) gewährte auf diese Konten einen Zinssatz von 4 Prozent und gewann damit in kurzer Zeit Hunderttausende von neuen Kunden. Das Institut wurde damals bisweilen auch als »4-Prozent-Bank« bezeichnet. Dann jedoch kam der jähe Absturz. Im Jahr 2009 sank der Zinssatz für Tagesgeld und andere Formen der kurzfristigen Geldanlage drastisch. Sparer erhielten damals im Schnitt nur noch die Hälfte der Vorjahresrendite – für Einlagen auf einem Tagesgeldkonto zum Beispiel nur noch 1,24 Prozent. Direktbanken zahlten aufgrund ihrer günstigen Kostenstrukturen etwas mehr, manche Filialbanken auch weniger. Dennoch konnten die Sparer sogar im Jahr 2009 halbwegs zufrieden sein, denn die Inflation war niedrig, sodass unter dem Strich immer noch eine kleine Realverzinsung übrig blieb.

Seit einiger Zeit stellt sich die Situation ganz anders dar: Die Banken zahlen seit Jahren nur noch Mager- oder Nullzinsen. Immer mehr Institute verlangen sogar Strafzinsen für Spareinlagen. Im Jahr 2021 untersuchte das unabhängige Finanzportal *Biallo.de* 1300 deutsche Banken und Sparkassen. Ergebnis: 470 Kreditinstitute verlangten im Privatkundengeschäft Negativzinsen.[6] Gleichzeitig stieg die Inflation. Für Sparer ein echtes Verlustgeschäft. Wir erleben seit Jahren also genau das, was Ökonomen als finanzielle Repression bezeichnen. Diese tritt ein, wenn die Zinsen dauerhaft deutlich niedriger sind als die Inflation. Ohne dass er es sogleich bemerkt, wird der Sparer schleichend enteignet, während sich die verschuldeten Staaten dank niedriger Zinsen sehr günstig refinanzieren können.

In diesen Zeiten verliert auch ein Argument an Überzeugungskraft, das oft gegen Sachwerte ins Feld geführt wird: Der Sachwerte-Investor realisiere keine laufenden Einnahmen, allenfalls Dividenden bei Aktien und Mieten bei Immobilien, so heißt es. Ansonsten aber gilt: Ganz gleich, ob Sie sich für Goldmünzen, Diamanten, Porzellan, Oldtimer oder Wein entscheiden – Zinsen oder Dividenden erhalten Sie in keinem Fall. Sie können also nur auf eine Wertsteigerung spekulieren. Wobei viele Goldanleger in dem gelben Edelmetall vor allem einen inflationsgeschützten Wertspeicher und nicht zuerst ein Spekulationsobjekt sehen.

Grundsätzlich gilt jedoch: Sachwerte-Investments eignen sich besonders in Zeiten niedriger Guthabenzinsen (und ganz besonders natürlich in Phasen von Null- und Negativzinsen). Darüber hinaus profitiert der Anleger von einer emotionalen Rendite, denn in aller Regel hat er – wie an anderer Stelle schon ausgeführt – eine besondere Affinität zu den schönen Sachwerten, in die er sein Geld investiert: Er ist zum Beispiel Uhren- oder Porzellansammler, ist fasziniert von der Mechanik chromblitzender historischer Fahrzeuge, oder ihm bereitet der Aufbau eines eigenen Weinkellers mit Spitzengewächsen große Freude. Was sind schon ein paar Euro Zinsen im Vergleich zu diesem Besitzerstolz? Und obendrein ist die emotionale Rendite garantiert steuerfrei.

Tatsächlich sollten Sie die emotionale Rendite nicht unterschätzen. Aus ihr erwachsen nicht zuletzt Freude und Motivation, für manchen ist sie sogar eine Triebfeder für überdurchschnittliches Engagement. Denn längst nicht jedem erscheint es erstrebenswert, Vermögen lediglich mit dem Ziel aufzubauen, den Erben später das Leben so leicht wie nur möglich zu machen. Die absehbare Erfüllung ganz persönlicher Vorlieben und Herzenswünsche, die noch dazu Aussicht auf Wertsteigerung haben, weckt vielfach stark motivierende Impulse.

Die wichtigsten Werttreiber

An dieser Stelle seien nicht die Notenbanken genannt, die Einfluss auf den Goldpreis ausüben, auch nicht die großen Spekulanten, die mit Termingeschäften Preise in die Höhe katapultieren oder abstürzen lassen. Wir wollen vielmehr kurz der Frage nachgehen, welche Faktoren die Preise für alternative Sachwerte hochtreiben oder abstürzen lassen. Nachfolgend die wichtigsten Werttreiber.

Seltenheit

Was rar ist, also nicht in beliebigen Stückzahlen zur Verfügung steht, erzielt in der Regel hohe Preise. Bei Edelsteinen handelt es sich zum

Beispiel um natürliche Ressourcen. Die Erde gibt keine größeren Mengen her – nicht für alles Geld dieser Welt. Und wenn von einem begehrten Uhrenmodell aus den 1950er-Jahren weltweit nur noch drei Exemplare vorhanden sind, muss der Preis fast schon naturgemäß explodieren, sobald eine dieser drei Uhren etwa in einer Auktion angeboten wird. Schließlich ist dies für Sammler oft für viele Jahre die letzte Chance, an das Objekt ihrer Begierde zu kommen. Je seltener ein Sachwert ist, desto größer ist jedoch auch das Risiko von Fälschungen. So mancher leichtgläubige Zeitgenosse ging schon Betrügern auf den Leim und kaufte gefälschte oder manipulierte Diamanten oder Goldbarren mit einem »Kern« aus billigem Wolfram.

Der Sammlermarkt

Ein Objekt kann noch so schön und selten sein – wenn keine Nachfrage besteht, darf nicht mit signifikanten Wertsteigerungen gerechnet werden. In vielen Fällen sind es Sachwerte-Sammler und Museen, die für Preissprünge sorgen. Das Ziel eines jeden Sammlers ist es bekanntlich, seine Sammlung zu komplettieren. Dafür dürfte er bereit sein, für fehlende Objekte tief in die Tasche zu greifen. Oft kommt es auf Auktionen daher zu regelrechten Bietergefechten und am Ende zu Zuschlagspreisen, die vom eigentlichen fairen Wert der Ware weit entfernt sind. Manchmal treiben Fonds und Spekulanten die Preise nach oben. Als Folge kann sich eine gefährliche Blase bilden, die früher oder später platzen muss. Für die Anleger kommt es daher darauf an, rechtzeitig auszusteigen. Sammler hingegen folgen anderen Motiven. Ein Numismatiker zum Beispiel dürfte sich kaum von einer gesuchten Münze trennen, nur weil er fallende Goldpreise erwartet.

Die Opinionleader

Wenn Sie sich schon einmal mit Wein als Kapitalanlage beschäftigt haben, dann werden Ihnen sicher die sogenannten Parker-Punkte

(PP) geläufig sein. Sie stehen für die Weinbewertung durch den US-amerikanischen Weinkritiker Robert Parker und seine Mitautoren. Ein Gewächs, das von Parker und seinem Team mit hohen Punktzahlen (zum Beispiel mit 96–100 Punkten) ausgezeichnet wird, eignet sich in der Regel als Anlageobjekt, auch wenn Sie in diesem Fall schon einen hohen Preis akzeptieren müssen. Erhält der Wein wenige Parker-Punkte, ist er zur Kapitalanlage ungeeignet. Parker und seine Mitautoren haben also eine enorme und in Fachkreisen häufig kritisierte Macht, um die Preise für Wein hochzutreiben oder diese abstürzen zu lassen.

Wer Uhren als Kapitalanlage vorzieht, sollte sich zuvor informieren, welche Marken und Modelle Experten empfehlen. Und wenn Fachjournalisten und Analysten glänzende Zeiten für Gold und Silber versprechen, wird sich mancher Anleger ernsthaft überlegen, vielleicht doch einen Teil seines Vermögens in Edelmetalle zu investieren. Vermeintliche und tatsächliche Experten sowie angebliche »Gurus« haben mithin erheblichen Einfluss auf die Preisentwicklung von Sachwerten. Eine schlechte Bewertung von Parker – und ein Wein aus gutem Haus ist allenfalls noch die Hälfte wert. Genau hierin liegt die Gefahr: Der Investor ist dem wankelmütigen (oder von bestimmten Interessen gesteuerten) Urteil von Experten ausgeliefert. Was heute hochgejubelt wird, könnte schon morgen gnadenlos abgestraft werden.

Macht und Magie der Marke

Ein Blick in die Ergebniskataloge von Auktionen zeigt immer wieder: Wenn es um Uhren geht, erzielen vor allem Modelle der Marken Rolex und Patek Philippe die höchsten Zuschlagspreise. Der Grund ist einfach nachvollziehbar. Beide Hersteller verfügen über eine sehr starke, international bekannte und emotional aufgeladene Marke. Rolex steht synonym für Luxuszeitmesser. Derselbe Effekt lässt sich zum Beispiel bei Porzellan aus Meißen beobachten. Nur das »weiße Gold« aus der Nähe von Dresden mit seiner beeindruckenden Geschichte und den vielen Anekdoten rund um August den Starken lässt auf deutlich über-durchschnittliche Wertsteigerungen hoffen. Haben Sie schon einmal darüber nachgedacht, weshalb immer Bordeaux als Wein mit Anlage-qualität genannt wird, obgleich Spitzengewächse aus dem Burgund mindestens ebenso gut sind und meist ebenso lange gelagert werden können? Auch hier spielen die Macht und die Magie der Marke eine wichtige Rolle. Bordeaux – wer denkt da nicht an große Namen wie Château Lafite oder Château Rothschild? Die kleineren Weingüter aus dem Burgund hingegen sind meist nur einem kleineren Kennerkreis bekannt.

Der Lifestyle

Ob einem das nun passt oder nicht. Tatsache ist:»The trend is your friend.« Wenn gut betuchte Zeitgenossen im großen Umfang Fan-cy-Diamanten oder Maltwhisky kaufen, weil diese exotischen Invest-ments eben im Trend liegen, dann wirkt sich das ebenfalls tendenziell preissteigernd aus. Doch Vorsicht: Dieser Effekt kann sehr schnell abebben und sich sogar ins Gegenteil verkehren. Dann nämlich, wenn seriöse Sachwerte-Anleger die Vorlieben der Reichen und Schönen zunehmend als peinliche Protzerei empfinden. Setzen Sie bei der Aus-wahl von Sachwerten also niemals auf kurzfristige Moden, sondern auf Objekte, die seit Jahrhunderten geschätzt werden.

Exkurs: In beinahe jedem steckt ein Sammler

Anleger, die sich für Investments in»Sweetheart«-Sachwerte entschei-den, sind meistens auch Sammler. Es geht ihnen nicht allein um mög-liche Wertsteigerungen, ebenso wichtig ist ihnen die Freude an ihren Sachwerten. Und tatsächlich sind die meisten von uns Sammler. Wer das anzweifelt, dem ist nur noch nicht so recht bewusst geworden, dass auch er ein Leben lang sammelt – im Zweifelsfall Erfahrungen. Und auch die repräsentieren einen besonderen Wert. Der Schriftsteller und Bestsellerautor Hans Habe (1911–1977) stellte einmal goldrichtig fest: »Erfahrungen sind vielleicht der einzige Reichtum. Weil man sie nie verlieren, sondern nur verschenken kann. Und weil man sie sogar dann nicht verliert, wenn man sie verschenkt.«

Der deutsche Sozialpsychologe Professor Dieter Frey schrieb schon vor Jahren: »Von allen Motiven, die Menschen im Innersten bewegen und handeln lassen, gibt es kaum eins, das nicht seine Ursachen im Sammeln hat.«[7] Was aber bringt jemanden dazu, neben Erfahrungen und Erkenntnissen wertvolle Gegenstände zu sammeln? Was ist der Auslöser für eine Sammelleidenschaft, die einen Menschen oft ein ganzes Leben lang begleitet? Mitunter wird das »Sammelvirus« von einer Generation auf die andere übertragen. Möglicherweise erbt der Sohn eine wertvolle Münzsammlung und entdeckt nun seinerseits die Faszination dieser Passion. Oder die Gemäldesammlung seiner Eltern entfacht in ihm eine Leidenschaft für schöne Dinge.

Sie, liebe Leserin, lieber Leser, haben sich einem Sammelgebiet vielleicht eher als Investor genähert. Sie suchen nach einer alternativen Assetklasse, wohl wissend, dass Sie entweder selbst über viel Know-how verfügen müssen oder aber einen seriösen Berater an Ihrer Seite brauchen, um bei alternativen Sachwerten die Spreu vom Weizen zu trennen.

Ein weiterer Aspekt: Schon immer trieben Besitzstreben und der Wunsch nach einem »gesellschaftlichen Upgrading« Menschen an, ansehnliche Sammlungen aufzubauen. Früher demonstrierten Fürsten ihre Stellung durch den Besitz von herausragenden Sammlungen. Heute zählen Unternehmer und Manager zu den eifrigsten Sammlern, die gern über ihre Leidenschaft sprechen. Allerdings kann der Sammler auch das gegenteilige Ziel verfolgen – nicht die Kommunikation, sondern die Schaffung eines Refugiums. Der Sammler taucht in eine andere, facettenreiche Welt ein, der er immer noch das eine oder andere Geheimnis entlockt.

Üblicherweise durchlaufen viele Sammler verschiedene Entwicklungsphasen. Oft beginnen sie als unsystematische Sammler. Sie konzentrieren sich zwar auf einen Objektbereich, ohne sich allerdings zu spezialisieren und zu kategorisieren. In vielen Fällen wird der unsystematische Sammler irgendwann zum systematischen Sammler, der Wert auf Ordnung legt und dessen Kollektion in die Tiefe geht. Eine Systematik ist unverzichtbar, wenn der Aufbau einer Sammlung als Investition betrachtet wird. Briefmarken ab 1960 zum Beispiel, die in hohen Auflagen gedruckt wurden, sind Massenprodukte ohne Wertsteigerungspotenzial. Ganz anders die Trendgebiete der Philatelie, beispielsweise China, Russland oder der ehemalige Ostblock. Sammeln sei ein Traum, sagte einmal ein deutscher Unternehmer, der selbst vom »Virus« infiziert war. Es könne aber auch zum »Trauma« werden. Etwa, wenn man am Ende eines heftigen Bietergefechts während einer Auktion dann doch unterliegt. Aber auch solche Erfahrungen machen den Reiz des Sammelns aus.

2.
Sachwerte im Überblick

Im hinteren Teil des vorliegenden Buches geben wir Ihnen wertvolle und praxisnahe Tipps, wie Sie Ihre Wertgegenstände sicher aufbewahren können. Entweder im Schließfach einer Bank, in einem Wertschließfach eines privaten Anbieters, zu Hause in einem Tresor von ausreichender Qualität, in vermeintlich »sicheren« Verstecken oder aber vergraben im eigenen Garten (wovon wir eher abraten, doch davon später mehr). Wenn wir in diesem Buch interessante Sachwerte vorstellen, dann natürlich immer unter dem Aspekt, dass diese auch in ein Wertschließfach oder einen Tresor passen. Wenn Sie mir die flapsige Bemerkung gestatten: Oldtimer scheiden daher schon einmal aus, dafür brauchen Sie eine sichere Garage. Wohl aber können Sie alle Papiere, Rechnungen und Expertisen über historische Fahrzeuge in einem Wertschließfach verwahren. Ich werde mich auf den nachfolgenden Seiten auf Sachwerte konzentrieren, die einen hohen Wert in einem möglichst geringen Volumen verdichten.

Gold - nach wie vor ein sicherer Hafen

Sehen Sie es mir bitte nach, wenn ich den Sachwert Gold in diesem Kapitel etwas übergewichte. Das hat – zugegeben – zum einen mit meiner persönlichen Affinität zu tun. Und zum anderen bin ich nach 4 Jahrzehnten finanzjournalistischer Tätigkeit der festen Überzeugung, dass Goldmünzen und -barren in jedes solide Vermögensportfolio gehören. Ich bin auch kein Anhänger der These, der Goldanteil sollte auf maximal 5–10 Prozent des liquiden Vermögens begrenzt sein. Je nach Höhe Ihrer Rücklagen erscheint mir in Zeiten wie diesen auch ein Anteil zwischen 15 und 20 Prozent angemessen.

Wird in den Medien über Gold berichtet, so hört und liest man immer wieder stereotype Aussagen. Vom »vermeintlich« sicheren Hafen Gold ist da die Rede. Nun wissen wir nicht, ob das Wort »vermeintlich« – wie so oft – nur falsch verwendet wird oder ob hier zum Ausdruck gebracht werden soll: Gold ist kein sicherer Hafen (dann wäre das Wort »vermeintlich« richtig gewählt, denn es steht für irrtümlich und nicht für wahrscheinlich). Klar ist: Auch der Goldpreis ist volatil, die Berg- und Talfahrten des Goldpreises können bisweilen schon sehr ausgeprägt sein. Schauen wir uns den Goldpreis im ersten Halbjahr 2020 an – also während des Höhepunkts der Corona-Pandemie. Im Februar 2020 war das gelbe Edelmetall an den Finanzmärkten als Krisenwährung gefragt. Der Preis pro Feinunze zog im März auf über 1700 US-Dollar an, das war der höchste Stand seit Dezember 2012. Ab dem 9. März 2020 ging es dann wieder steil bergab, bevor der Goldpreis im Sommer auf über 2000 Dollar pro Feinunze kletterte. »Gold ist und bleibt ein sicherer Hafen – manchmal zeigt sich das eben erst mit ein bisschen Verzögerung«, sagt Frank Schallenberger, Rohstoffexperte der Landesbank Baden-Württemberg (LBBW) goldrichtig. Das beweist auch ein Blick auf die folgende Tabelle:

Aktien- und Goldrenditen in Finanzkrisen

Finanzkrise	Zeitraum	Rendite Aktienindex MSCI World	Rendite Gold
Schwarzer Montag	August 1987 bis Januar 1988	-24,5 %	-7,9 %
Immobilienkrise in Japan	September 1989 bis August 1990	-36,9 %	-13,4 %
Finanzkrise in Russland	April 1998 bis September 1998	-16,5 %	-12,2 %
Platzen der New-Economy-Blase	August 2000 bis März 2003	-53 %	4,1 %
US-Immobilienkrise und weltweite Finanzkrise	Oktober 2007 bis März 2009	-46,1 %	33,8 %
Eurokrise	Februar 2011 bis November 2011	-17,8 %	28,7 %

Quellen: MSCI, Bundesbank, Finanztip

Die zweite stereotype Aussage: Gold bringt keine Zinsen. Das stimmt. Eine Tages- oder Festgeldanlage derzeit aber auch nicht. Und daran wird sich in den nächsten Jahren kaum etwas ändern. Mit etwas Glück dürfen die Anleger allenfalls Minizinsen erwarten – weit unterhalb der Inflationsraten. Das Argument hat also eine nur sehr begrenzte Aussagekraft. Und außerdem wird hier die eigentliche Motivation des Anlegers verkannt: Den meisten Goldanlegern geht es nicht vorrangig darum, kurzfristig hohe Renditen zu erzielen (wenn das gelingt – umso besser). Im Vordergrund steht vielmehr, in eine Anlageklasse zu investieren, die nicht von Papiergeld abhängig ist, sondern sich immer wieder als werthaltiges Investment erwiesen und alle Krisen überstanden hat. Je höher die staatlichen Schuldenberge wachsen, desto attraktiver wird Gold als Stabilisator im Portfolio.

Ich empfehle, in physisches Gold zu investieren, also in Barren oder Münzen. In diesem Fall können Sie Ihr Gold im wahrsten Sinne des Wortes »begreifen«. Überdies zeigte gerade der Corona-Crash im Frühjahr 2020, wie schnell Papiergold (also Finanzprodukte in Form verschiedener Derivate, die ihre Kursentwicklung direkt vom Goldpreis ableiten) und Minenaktien verkauft wurden. Aber physisches Gold befand sich damals in festen Händen; ja, führende Goldhändler berichteten sogar von einer kolossalen Nachfrage nach Barren und Münzen.

Und das, obgleich die Regierung den von vielen Anlegern geschätzten anonymen Kauf von Gold (oder anderen Edelmetallen) in den vergangenen Jahren immer weiter erschwert hat. Allerdings hat diese Entwicklung die Nachfrage nach physischem Gold keineswegs gebremst – im Gegenteil. Außerdem müssen Sie sich spätestens beim Verkauf Ihrer Edelmetalle ohnehin legitimieren.

Die meisten Anleger, die nur für einen kleineren Betrag Gold erstehen möchten, kaufen Anlagemünzen, auch Bullion Coins genannt, was übersetzt schlicht »Barrenmünzen« heißt. Die meisten dürften Ihnen bekannt sein, allen voran der Krügerrand aus Südafrika, Maple Leaf aus Kanada, Känguru und Lunar aus Australien, Panda aus China und der American Gold Eagle/American Buffalo aus den USA. Falls Ihnen eine 1-Unze-Münze zu teuer ist, können Sie auch eine ½- oder eine ¼-Unze erstehen. Sogar noch geringere Gewichte sind bei Goldmünzen möglich. Unsere Empfehlung: Wenn Sie Ihre Goldmünzen unter Anlagegesichtspunkten erwerben, entscheiden Sie sich für 1-Unze-Münzen. Denn je geringer das Gewicht der Münze, desto stärker schlägt die Händlermarge in Relation zum Goldwert zu Buche. Die Marge steht für den Unterschied zwischen Einkaufs- und Verkaufspreis. Es macht daher durchaus Sinn, größere Münzen zu kaufen, sofern Sie eine entsprechende Summe investieren möchten.

Anders sieht es aus, wenn Sie Monat für Monat in physisches Gold investieren möchten, sozusagen eine Art Goldsparplan. Nur wenige Glückliche sind in der Lage, einmal im Monat eine ganze Unze des gelben Edelmetalls zu erwerben. In diesem Fall können Sie sukzessive ½- oder ¼-Unze-Münzen kaufen, um sich im Laufe der Jahre einen kleinen, aber feinen Goldschatz aufzubauen.

Sollten Sie jedoch planen, einen größeren Betrag in physisches Gold zu investieren, empfehlen wir Ihnen den Kauf von Goldbarren. Die Palette reicht vom 1-Gramm-Barren, den Sie mitunter geschenkt bekommen, wenn Sie irgendein Wirtschaftsmagazin abonnieren, bis hin zu stattlichen Barren von 12,5 Kilogramm Gewicht, von denen einer bereits ausreicht, um sich von dessen Gegenwert eine tolle Eigentumswohnung in guter Lage kaufen zu können. Grundsätzlich gilt aber auch in diesem Fall die Empfehlung: Kaufen Sie lieber größere Goldbarren (es müssen ja nicht gleich 12,5 Kilogramm sein ...) als mehrere kleine. Denn relativ gesehen sind kleine und kleinste Barren etwas teurer als große.

Doch keine Regel ohne Ausnahme: Ein paar Barren von mittlerem Gewicht (50 oder 100 Gramm) sollten Sie schon in Ihrem physischen Golddepot haben. Denn wenn Sie aus irgendwelchen Gründen Bargeld benötigen, müssen Sie nicht gleich einen 250-Gramm-Barren veräußern. Wenn Sie ein paar Münzen von 1 oder ½ Unze im Depot haben, können Sie den Goldverkauf in etwa Ihrem Liquiditätsbedarf anpassen.

Größere Goldbarren, etwa ab 250 Gramm aufwärts, kommen oft in gegossener Form auf den Markt. Bei diesem Verfahren wird das Goldgranulat entweder in einem Tiegel eingeschmolzen und dann unter Zugabe einer Schutzgasflamme in die Barrenform gegossen. Oder aber das Granulat wird direkt in die Barrenform eingefüllt und dann in dieser verflüssigt. Beim Erkalten des Barrens entstehen die typischen Erstarrungslinien, die jeden Gussbarren zu einem Unikat und daher bei Goldfans zu etwas ganz Besonderem machen. Geprägte Goldbarren werden aus einem Goldblech herausgestanzt. Dieses Verfahren ist heute bei kleineren bis mittelgroßen Barren (meist bis 100 Gramm) üblich. Die fertig geprägten Barren werden zum Schluss je nach Hersteller oder Kundenvorgabe in Folie verschweißt oder in einer sogenannten Blisterbox (Sichtverpackung) eingesiegelt.

Kinebarren (oder Kinebar) verfügen über eine Sicherheitstechnologie in Form eines Kinegramms, wie es zum Beispiel auch für Banknoten und Reisepässe verwendet wird. Das Kinegramm befindet sich auf der Rückseite des Barrens. Argor-Heraeus stellt Kinebarren bereits seit 1994 her. Die Namensrechte für »Kinebar« liegen bei der Schweizer Großbank UBS. Besonders beliebt sind die Kinebarren der Münze Österreich. Deren Kinegramm besteht aus einem Lipizzaner. Je nach Betrachtungswinkel verändert sich die Position, Pferd und Reiter scheinen zu springen.

CombiBars oder Tafelbarren sehen tatsächlich aus wie eine Tafel Schokolade. Sie bestehen aus einem Verbund von 1-Gramm-Barren, die mithilfe von Sollbruchstellen voneinander getrennt werden können. Sie haben also die Möglichkeit, genauso viele kleine Goldbarren herauszubrechen und zu verkaufen, wie Sie brauchen, um einen bestimmten Verkaufserlös zu erzielen.

Als Anleger werden Sie in Feingold investieren – das heißt 999,9/ 1000 Gold oder 24 Karat. Bei der Schmuckherstellung kommen jedoch Legierungen zum Einsatz, das heißt, mehrere unterschiedliche Metalle werden miteinander verschmolzen, um zum einen die Härte des Edelmetalls zu erhöhen und zum zweiten, um einen günstigeren Preis zu erzielen. Folgende Legierungen sind in Deutschland üblich:

- **24 Karat:** 999,9 Prozent Feingold, erhältlich in Barrenform und Münzen, für Schmuck aufgrund mangelnder Härte nicht geeignet.
- **18 Karat:** Legierung, die zu 75 Prozent aus Feingold besteht und für die Schmuck- und Uhrenherstellung eingesetzt wird.
- **14 Karat:** Legierung, die zu 58,5 Prozent aus Feingold besteht und ebenfalls häufig für Schmuck, seltener für Uhren verwendet wird.
- **9 Karat:** Legierung, die zu 37,5 Prozent aus Feingold besteht, dient fast ausschließlich der Schmuckherstellung.
- **8 Karat:** Legierung, die zu 33,3 Prozent aus Feingold besteht und für einfacheren Schmuck verwendet wird. In vielen Staaten darf eine solche Legierung nicht als »Gold« bezeichnet werden und

gepunzt werden, da dort ein Mindestgehalt an Feingold von 37,5 Prozent (9 Karat) gefordert wird.

Legierungen von 8 und 9 Karat sind wegen ihres geringen Goldgehaltes weder anlauf- noch korrosionsbeständig. Durch Aufbringen einer hochkarätigen Farbvergoldungsschicht am Ende der Fertigung wird die Anfälligkeit gegenüber dem Anlaufen für eine individuell unterschiedliche Tragezeit überbrückt.

Außerdem werden Edelmetalle legiert, um eine bestimmte Farbe zu erhalten. Hierzu werden farbgebende Zusatzmetalle wie Kupfer, Silber, Palladium oder Zink zugegeben. Die gängigsten Farblegierungen sind:

- **Gelbgold:** Die bekannteste Variante des glänzenden Edelmetalls, die farblich dem Feingold (Barrengold) sehr nahekommt. Bei einer 18-Karat-Legierung wird häufig Feingold, Kupfer und Silber verwendet.
- **Rotgold:** Diese Legierung besteht aus Feingold und Kupfer. Rotgold erfreut sich insbesondere in Asien großer Beliebtheit.
- **Weißgold:** Diese farblose, überwiegend aus Feingold, Palladium und Nickel bestehende Legierung diente Anfang des vergangenen Jahrhunderts vorübergehend als Platinersatz für Schmuckstücke. In Frankreich heißt diese Legierung Graugold (»or gris«).

Die wichtigsten Goldmünzen

Wer an Goldmünzen denkt, dem kommt zunächst der Krügerrand in den Sinn. Aber wie erwähnt, gibt es zahlreiche Alternativen. Für welche Münze sollte sich der Anleger entscheiden?

Grundsätzlich lassen sich fünf Gruppen von Goldmünzen-Käufern unterscheiden, wobei die reinen Sammler in der nachfolgenden Betrachtung keine Rolle spielen, da für deren Kaufentscheidung wieder ganz andere Spielregeln gelten.

1. **Die Pragmatiker:** Sie kaufen nach der Devise »Gold ist Gold« und schauen nur auf den Preis. Tatsächlich gibt es unter den Anlagemünzen geringfügige Unterschiede. Krügerrand, Philharmoniker und Maple Leaf sind oft ein paar Euro günstiger, bezogen jeweils auf 1 Unze.

2. **Die Systematiker:** Manche Anleger sind auf Goldmünzen einer ganz bestimmten Provenienz fixiert. Sei es aus persönlichen Vorlieben oder aus innerer Überzeugung. Als in Südafrika noch die sogenannte Apartheid praktiziert wurde, weigerten sich manche Goldmünzen-Anleger aus politischen Gründen, Krügerrand zu erwerben. Diese Zeiten sind vorbei, der Krügerrand ist längst wieder die wohl bekannteste und beliebteste Goldmünze. Andere Anleger bevorzugen Goldmünzen aus Europa, sprich: den Philharmoniker und die Britannia.

3. **Die Puristen:** Sie legen Wert auf den größtmöglichen Feinheitsgehalt und kaufen nur Münzen, die zu 999,9 Promille aus Gold bestehen, das entspricht 24 Karat (999,9 wird bisweilen auch als »Four nine fine« bezeichnet). Dieses Kriterium erfüllen neben dem Philharmoniker die Maple-Leaf-Münze, das Känguru (Nugget) aus Australien, der American Buffalo und der chinesische Panda. Beim Krügerrand beträgt die Feinheit 916,66 Promille, weil etwas Kupfer beigemischt wird, um die Kratzfestigkeit der Münze zu erhöhen. Dadurch erhöht sich deren Rohgewicht auf 33,93 Gramm. Sie erhalten also auch beim Kauf eines Krügerrands 1 Unze Gold. Der American Buffalo und der Gold Eagle sind oft etwas teurer als die anderen goldenen Anlagemünzen.

4. **Die Ästheten:** Sie haben zum Beispiel Vorlieben für bestimmte Motive (etwa die unterschiedlichen Tierabbildungen beim chinesischen Panda oder bei den begehrten australischen Lunar-Münzen). Andere kaufen nur Goldmünzen in der höchsten Prägequalität »Polierte Platte« (PP) und sind bereit, hierfür einen bisweilen beachtlichen Aufpreis zu zahlen.

5. **Die Anspruchsvollen:** Sie konzentrieren sich auf Bullions, die rar sind und – neben dem Goldpreis – einen Sammlerzuschlag versprechen. Dazu gehören zum Beispiel Krügerrand aus den Jahren 1967 bis 1969. Damals wurden jährlich nur 20 000 beziehungsweise 40 000 Stück geprägt (zum Vergleich: 1979 waren es fast 5 Millionen). Auch Philharmoniker-Münzen, deren numerischer Wert noch auf Schilling und nicht auf Euro lautet, erzielen einen Aufpreis. Gleiches gilt für seltene Lunar-Münzen, etwa mit den Motiven Schlange, Drache und Pferd.

Der deutsche Goldanleger-Markt

Hätten Sie's gewusst? Jeder Deutsche über 18 Jahren besitzt im Durchschnitt 71 Gramm Anlagegold. Die Bundesbürger halten 6,5 Prozent des weltweiten Goldbestandes. Das entspricht einem Würfel mit einer Kantenlänge von rund 8,6 Metern.

> 91 Prozent der Deutschen sind mit ihrem Goldinvestment zufrieden.

> 83 Prozent wollen ihr Gold behalten.

> 78 Prozent planen weiteren Golderwerb.

Quellen: ReiseBank, Research Center for Financial Services Studies 2019, Goldstudie der Steinbeis-Hochschule Berlin (SHB) 2019

Die »weißen« Edelmetalle

Zu den klassischen »weißen« Anlage-Edelmetallen gehören Silber, Platin und Palladium. Den Nachteil gegenüber Gold haben wir an anderer Stelle bereits erwähnt. Wenn Sie einen solchen Barren oder eine Münze erwerben, müssen Sie 19 Prozent Mehrwertsteuer zahlen. Anlagegold hingegen ist von der Mehrwertsteuer befreit. Allerdings weisen Silber, Platin und Palladium auch einen Vorteil auf: Sie werden von der Industrie verbraucht. Gold hingegen wird in erster Linie von Anlegern gehortet. Aus der industriellen Nachfrage resultiert freilich auch die hohe Volatilität der »weißen« Edelmetalle. Sinkt die Nachfrage seitens der Industrie – zum Beispiel infolge einer Rezession –, fällt auch der Preis für diese Edelmetalle. Dennoch bleiben Silber, Platin und Palladium als Beimischung in einem Edelmetall-Portfolio durchaus sinnvoll. Der Schwerpunkt sollte aus meiner Sicht hingegen auf Gold liegen. Doch nehmen wir die »weißen« Edelmetalle etwas genauer unter die Lupe.

Platin

Wenn Juweliere oder Schmuckliebhaber von Platin sprechen, werden sie nachgerade hymnisch. Weitaus seltener als Gold sei dieses besonders widerstandsfähige Edelmetall. Es eigne sich zur Herstellung von Schmuckstücken, die man ein Leben lang tragen könne. Die edelsten Juwelen werden in Platin gefasst, wie zum Beispiel der Koh-i-Noor-Diamant, der zu den britischen Kronjuwelen gehört. Platinschmuck ist teuer – und strahlt, ebenso wie Weißgold, ein gewisses Understatement aus. Die angesehensten Uhrenmanufakturen der Welt, wie etwa A. Lange & Söhne in Glashütte, schalen einige ihrer tickenden Meisterwerke in Platin ein, wofür der Käufer dann wesentlich tiefer in die Tasche greifen muss als beim Erwerb einer goldenen Uhr. Doch nicht nur zur Schmuckherstellung und zur Produktion von Uhrengehäusen wird Platin gebraucht. Der größte Teil des vor allem in Südafrika und Russland, zum geringeren Teil auch in Südamerika, Kanada und Zimbabwe gewonnenen Platins wird industriell verarbeitet. So zum Beispiel für katalytische Stromrichter und zur Herstellung von medizinischen Geräten.

Trotzdem vermochte Platin Edelmetallanleger in den zurückliegenden Jahren nicht zu überzeugen. Grund: Die Performance ließ doch sehr zu wünschen übrig. Im Jahr 2021 kostete 1 Unze Platin weniger als 1 Unze Gold – und sehr viel weniger als 1 Unze Palladium. Das hängt auch damit zusammen, dass in der Automobilindustrie inzwischen

viel mehr Palladium als Platin verarbeitet wird. Viele Analysten halten
Platin deshalb für unterbewertet und empfehlen, eher Platinmünzen
oder -barren zu kaufen als Palladium, das deutlich teurer ist als Gold.
Ich möchte an dieser Stelle nicht in die Glaskugel schauen. Grundsätzlich erscheinen mir ein paar Platinmünzen als »On-top-Investment«
sinnvoll. Sie haben unter anderem die Wahl zwischen der bekannten
Platin-Noble-Münze, der österreichischen Philharmoniker-Platin-
münze sowie der Känguru- und Koala-Platinmünze. Mir persönlich
gefällt der American Platinum Eagle am besten. Er wird seit 1997 von
der United States Mint herausgegeben. Auf der Vorderseite (Avers)
dieser Münze ist die Freiheitsstatue abgebildet. Der Proof (»Polierte
Platte«)[8] American Platinum Eagle weist in jedem Jahr eine anders ge-
staltete Rückseite (Revers) auf.

Manche Uhrenfreunde und Schmuckliebhaberinnen fragen sich bisweilen, weshalb Uhren und Schmuck aus Platin nach wie vor teurer
sind als die entsprechenden Goldvarianten. Immerhin liegt der Platin-
preis nun doch schon seit Jahren unter dem Goldpreis. Offiziell wird
dies damit begründet, dass Platin aufgrund seiner Härte erheblich
schwieriger zu bearbeiten sei als Gold. Im Klartext: Der Zeitaufwand
zur Herstellung eines Schmuckstücks aus Platin ist deutlich höher. Das
mag so sein, allerdings kann man sich mitunter des Eindrucks nicht
erwehren, dass nicht am Nimbus von Platin gekratzt werden soll. Jahr-
zehntelang wurde kommuniziert, Platin sei noch hochwertiger und
seltener als Gold, eben etwas ganz Besonderes. Da wäre es sicher dem
langfristigen Image nicht dienlich, nun Platinschmuck günstiger als
Goldschmuck zu verkaufen.

Palladium

Jahrelang galt Palladium als das am wenigsten bekannte Edelmetall
zur Herstellung von Barren und Münzen. Es wurde 1803 durch
William Hyde Wollaston entdeckt und nach dem Asteroiden Pallas
benannt. Palladium gehört zur Gruppe der Platinmetalle. Anleger lie-

ßen lange Zeit die Finger von Palladium, denn es galt als extrem volatil. Dass der Preis für 1 Unze Palladium von 1000 US-Dollar schon mal
auf 150 Dollar fiel, hat ebenso niemanden überrascht wie der anschlie-
ßende Anstieg auf 2250 Dollar und der folgende Absturz auf rund
800 Dollar im Jahr 2008. Doch schon im Jahr darauf war Palladium
der Top-Performer, der Aktien, Rohöl und Gold hinsichtlich seiner
Preisentwicklung weit hinter sich ließ. Als dann die Automobilindustrie zunehmend Platin durch Palladium substituierte, gab es für den
Palladiumpreis kein Halten mehr. Im Sommer 2021 wies Palladium
eine 5-Jahres-Performance von knapp 282 Prozent auf.

Früher spielte Palladium bei der Schmuckherstellung nur eine kleine
Nebenrolle. Allerdings: Wer Schmuck aus Weißgold kauft, investiert
indirekt in Palladium. Denn ohne die Zugabe dieses Edelmetalls würde das Gold nicht seine typische gelbe Farbe verlieren. Schmuck aus
reinem Palladium ist vor allem im ostasiatischen Raum gefragt. Mittlerweile ist Palladiumschmuck auch in Europa begehrt – vor allem als
Material für Eheringe.

Investoren, die auf Palladium setzen, sollten sich vor allem für Münzen
entscheiden. Palladiummünzen gibt es zum Beispiel aus Russland (ältere Exemplare haben noch »UdSSR« eingeprägt) und aus Kanada. Relativ
bekannt ist die »Ballerina-Münze« aus der ehemaligen UdSSR, auf der
eine Balletttänzerin abgebildet ist. Die Palladiummünzen »Standbild
Vladimirs« (1988), »Iwan III« (1989) und »Peter der Große« (1990) sind
besonders gesucht und bringen – neben dem reinen Materialwert – oft
noch einen Sammleraufschlag. Alle Palladiummünzen aus der ehemaligen Sowjetunion weisen einen numerischen Wert von 25 Rubel auf. Alternativen bieten der Palladium-Maple-Leaf aus Kanada, die australische EMU-Palladiummünze und der chinesische Palladium-Panda.

Grundsätzlich sollten Sie als Anleger aber bedenken, dass es sich bei
Palladium (gleich, ob Sie Barren oder Münzen erstehen) um einen
recht engen Markt handelt. Das heißt, schon geringe Volumina können den Preis massiv nach oben treiben oder abstürzen lassen.

Silber

Wann immer von Silber die Rede ist, fällt mit einiger Wahrscheinlich-keit bald der Satz, dieses Edelmetall sei »das Gold des kleinen Mannes«. Richtig ist, dass 1 Unze Silber natürlich erheblich weniger kostet als 1 Unze Gold. Im Sommer 2021 bekam man für den Preis einer Krügerrand-Goldmünze (1 Unze) mehr als 62 Krügerrand-Silber-münzen (ebenfalls je 1 Unze, einschließlich Steuern). Das heißt aber auch: Wer einen größeren Betrag in physisches Silber anlegen und sei-nen Schatz nicht bei einem externen Dienstleister verwahren lassen möchte, braucht schon genug »Stauraum«.

Aber Silber ist eben nicht nur »das Gold des kleinen Mannes«, son-dern auch ein wichtiger Rohstoff für die Industrie. Der Finanzexperte und Buchautor Volker Nied zitiert in seinem Buch *Vorbereitung auf den finalen Crash* Hans-Jörg Müllenmeister, seines Zeichens Ingenieur für Elektrotechnik: »Es sind die einzigartigen physikalischen, chemi-schen und biologischen Eigenschaften, die das Edelmetall Silber auf sich vereint, die die Hauptargumente für den enormen Verbrauch von Silber in der Industrie und damit für die hohe industrielle Nachfrage liefern.«[9] Silber wird unter anderem in der Kfz-Industrie, in der Halb-leitertechnik, bei LED-Anwendungen, in der Wärmetechnik, der Me-dizin, der Fotografie, der Solartechnik, der Quantenmechanik sowie in der Solartechnik und für RFID-Chips[10] benötigt. Ähnlich wie bei Pla-tin und Palladium führt die hohe industrielle Nachfrage auch bei Sil-ber zu einer überdurchschnittlichen Volatilität des Preises für dieses Edelmetall. Die Preisentwicklung hängt mithin wesentlich von der Konjunkturlage in bestimmten Branchen ab. Für Silber spricht zudem die Knappheit dieses Rohstoffs, vor allem durch die Nachfrage seitens der Solarindustrie. Und was zunehmend knapper wird, dürfte in nicht allzu ferner Zukunft auch höhere Preise erzielen.

Nahezu sämtliche Anlagemünzen, die in Gold erhältlich sind, gibt es auch in Silber, zum Beispiel Krügerrand, Maple Leaf, Philharmoniker, Känguru usw. Bis vor wenigen Jahren hatten Anleger die Möglichkeit,

Silbermünzen und sogenannte Münzbarren zum ermäßigten Mehrwertsteuersatz von 7 Prozent zu erwerben. Seit 2014 ist dieser Steuervorteil Geschichte; das heißt, wenn Sie eine Silbermünze erstehen, werden 19 Prozent Mehrwertsteuer fällig. Diese fiskalische Belastung können Sie jedoch verringern, indem Sie darauf achten, dass die Silbermünzen, die sie erwerben möchten, differenzbesteuert sind. Das funktioniert so: Der Händler kauft die Silbermünzen im Ausland außerhalb der EU und zahlt eine Einfuhrumsatzsteuer von 7 Prozent. Wird das Silber anschließend weiterverkauft, fallen die 19 Prozent Mehrwertsteuer nicht auf den vollen Nettoverkaufspreis an, sondern lediglich auf die Differenz zwischen Einkaufspreis und dem Bruttoverkaufspreis.

Sammlermünzen

Kommen wir nun von den Anlage- zu den Sammlermünzen. Mitunter sind die Grenzen fließend. Ein prominentes Beispiel hierfür ist das 100-Franken-Vreneli aus der Schweiz. Von dieser Goldmünze wurden im Jahr 1925 lediglich 5000 Exemplare geprägt. Nur noch ein Teil davon dürfte heute im Umlauf sein, weshalb diese Münze als eine der seltensten und begehrtesten der Schweiz gilt. Befindet sich diese Münze in einem sehr guten Erhaltungszustand, kann der Preis durchaus schon mal fünfstellig sein.

Oft verwechselt werden Münzen und Medaillen. Münzen besitzen immer einen Nennwert und tragen den Namen oder sonstige Symbole des emittierenden Landes. Medaillen hingegen wird niemals ein Nennwert aufgeprägt. Im Grunde kann jeder ganz individuelle Medaillen herausgeben – Privatpersonen, Banken, Unternehmen, Verbände, ja sogar Karnevalgesellschaften. Vorsicht: Medaillen werden häufig aggressiv beworben. Man spricht von limitierten Auflagen und suggeriert eine überdurchschnittliche Wertsteigerung. Manche Angebote sind extrem überteuert. Auch im Münzhandel gibt es eben »schwarze Schafe«. Wer in Medaillen investiert, sollte von vornherein einkalkulieren, dass er beim späteren Verkauf nur den jeweiligen Ankaufswert des Metalls erhält. Mit Sammleraufschlägen darf man nur in Ausnahmefällen rechnen.

Zum kleinen Einmaleins des Münzensammelns gehört, sich nicht zu verzetteln, sondern sich schon von Beginn an auf ein bestimmtes, fest umrissenes Sammelgebiet zu konzentrieren. Viele Sammler fokussieren sich auf Münzen aus bestimmten Ländern, was dann allerdings zusätzlich eine epochale Beschränkung notwendig macht. Kaum ein Sammler kann zum Beispiel alle deutschen Münzen besitzen. Daher wird er sich vielleicht auf die Kaiserreichmünzen von 1871 bis zum Ende der Kaiserzeit nach dem Ersten Weltkrieg beschränken. Oder aber er zieht die während der Weimarer Republik geprägten Münzen vor.

Sammler, die noch weiter in die europäische Geschichte zurückgehen wollen, setzen etwa auf die Gepräge der Neuzeit (ca. 1500 bis zur Französischen Revolution), auf Münzen aus dem Mittelalter oder gar auf byzantinische, römische oder griechische Prägungen. Für andere Sammler kommen nur Münzen aus bestimmten Materialien infrage, zum Beispiel ausschließlich Kupfer-, Silber- oder Goldmünzen. Tatsächlich gibt es sogar Münzen aus Porzellan. Beliebt ist ferner das gezielte Motivsammeln. Das heißt, der Sammler ersteht nur Münzen mit bestimmten Motiven, wie etwa Monarchen, Künstlern, Sehenswürdigkeiten, Politikern oder Wappen. Andere wiederum kaufen in erster Linie Münzen in fremden oder außer Kraft gesetzten Währungen, wozu mittlerweile bekanntlich auch die D-Mark und der österreichische Schilling zählen.

Ob eine Sammlermünze am Ende wirklich den erhofften Gewinn einbringt, hängt nicht nur von ihrer Seltenheit und dem Stellenwert ab, die ihr die Sammler zubilligen, sondern zunehmend von ihrem Erhaltungszustand. Dabei gelten folgende Einteilungen:

Polierte Platte (PP): Der Begriff beschreibt ein bestimmtes Herstellungsverfahren von Münzen und steht gleichzeitig für den besten Erhaltungsgrad. PP-Münzen werden aus polierten Ronden (Münzrohlinge vor der Prägung) mit speziell polierten Stempeln mehrfach geprägt. Die Fläche erscheint reflektierend, die Erhebungen hingegen scheinen matt zu sein. PP-Münzen sind bei Sammlern sehr begehrt und erzielen meist deutliche Preisaufschläge. Die englische Bezeichnung für Polierte Platte lautet »proof«.

Spiegelglanz: Dabei handelt es sich ebenfalls um eine Sonderanfertigung, bei der jedoch nur die Stempel poliert werden.

Stempelglanz: Die auf diese Weise geprägten Münzen werden einzeln aus der Maschine genommen und verpackt. Die Mitarbeiter tragen hierzu Handschuhe. Der Unterschied zur Polierten Platte besteht darin, dass die Ronden und Stempel nicht poliert sind. Eigentlich müsste jede Münze, bevor sie in Umlauf gelangt, unter »Stempelglanz« eingeordnet werden. Da aber beim Transport und bei der Verpackung Beschädigungen entstehen können, werden diese Münzen üblicherweise als präge- oder bankfrisch bezeichnet.

Vorzüglich: Solche Münzen waren nur kurz im Umlauf. Sie wurden bei der Prägung aus den Automaten geworfen, in Kisten gesammelt und in Säcken oder Beuteln an ihre Bestimmungsorte transportiert. Geringfügige Abnutzungsspuren und haarfeine Kratzer sind möglich, vor allem an den erhabenen Stellen des Münzreliefs. Andere Beschädigungen, wie etwa Einschläge und Randkerben, dürfen diese Münzen allerdings nicht aufweisen.

Sehr schön: Münzen mit diesem Erhaltungsgrad waren für längere Zeit im Umlauf. Abnutzungserscheinungen dürfen sich nur an den höchsten Stellen des Münzbildes befinden. Alle übrigen Auffälligkeiten müssen extra benannt werden.

Schön: Klingt eigentlich gut, deutet aber auf erhebliche Abnutzungsspuren hin.

Sehr gut erhalten: Deutlich abgewetzte Münzen, teilweise mit zusätzlichen Beschädigungen.

Der Erhaltungsgrad einer Münze muss naturgemäß immer im Zusammenhang mit dem jeweiligen Alter beurteilt werden. Eine relativ junge Münze, die es nur auf ein »sehr schön« oder gar nur »schön« bringt, sollten Sammler und Anleger meiden. Antike Münzen hingegen, die schon 1000 Jahre und älter sein können, sind mit einem Erhaltungsgrad »schön« durchaus noch interessant.

Goldmünze Ungarn: Ferdinand II. (1619–1637); Bild: Auktionshaus Rapp

Nonvaleurs (historische Aktien)

Wer hätte gedacht, dass für eine Aktie der 2008 so spektakulär pleite gegangenen US-Investmentbank Lehman Brothers mehrere Jahre nach der Insolvenz noch einmal 24 000 Euro gezahlt werden könnten? So geschehen auf einer Versteigerung von historischen Wertpapieren (Nonvaleurs) Ende 2011. Diese Aktie sei »das Belegstück der Finanzkrise schlechthin gewesen«, erinnert sich Auktionator Matthias Schmidt von der HWPH AG. Zumal diese Aktie aus dem Jahr 1994 später im Büro von Lehman-CEO Richard S. Fuld hing.

Effektive Stücke – also gedruckte Wertpapiere – sind heute sehr selten, weil Aktien und Anleihen in sogenannten Globalurkunden verbrieft werden. Auch der Begriff des »Couponschneiders« taucht nur noch in der Sozialgeschichte auf und hat oft eine negative Konnotation, da er mit der frühen Neidgesellschaft verknüpft ist. Wer nämlich einst Aktien in Form von effektiven Stücken erwarb oder erbte, erhielt auch einen Bogen, bestehend aus Coupons, die nach und nach abgeschnitten und der Bank vorgelegt wurden. Diese zahlte dem Aktionär dann die jeweiligen Dividenden aus.

Effektive Stücke waren nicht nur Wertpapiere, sondern auch Marketinginstrumente. Häufig verpflichteten die Unternehmen teure Künstler, um ihre Aktien zu gestalten. Für viele stellte der Besitz von Wertpapieren auch einen ästhetischen Genuss dar. Bis heute sind diese historischen Wertpapiere bei Sammlern gefragt. Manche kaufen Nonvaleurs auch mit der Hoffnung auf steigende Preise. Tatsächlich sind die meisten Nonvaleurs gar nicht so wertlos wie diese Bezeichnung vermuten lässt, wenngleich fünfstellige Preise wie im Fall der Lehman-Aktie natürlich nur selten erzielt werden. Die Scripophilie, also das Sammeln historischer Wertpapiere, vereint einen vergleichsweise kleinen, aber sehr aktiven Sammlerkreis, der zum einen von der künstlerischen Gestaltung der Aktie fasziniert ist, zum anderen aber auch von der Geschichte des hinter der betreffenden Aktie stehenden Unternehmens.

Experten gehen davon aus, dass es auf dem Markt etwa 150 000 Nonvaleurs aller Wertpapierarten gibt, also nicht nur Aktien. In Deutschland gibt es schätzungsweise zwischen 5000 und 10 000 Sammler. Die meisten von ihnen haben auch beruflich mit Wertpapieren zu tun.

Besonders begehrt (und entsprechend teuer) sind Wertpapiere, die Unterschriften berühmter Wirtschaftsgrößen tragen. Solche Papiere erzielen auf Auktionen in der Regel besonders hohe Preise. Aber es müssen keineswegs nur die Signaturen von Unternehmern sein, die sich preissteigernd auswirken. Ein besonders prominentes Beispiel ist Johann Wolfgang von Goethe, dessen Name nicht nur auf Buchtiteln zu finden ist. Seine Unterschrift ziert sogar einen Kux-Schein des Ilmenauer Bergwerks. Ein Kux gleicht einer Aktie und verbrieft einen Eigentumsanteil an einem Bergwerk. Mit seiner Originalsignatur auf diesem Dokument trat der deutsche Dichterfürst in seiner Eigenschaft als damaliges Mitglied der Bergwerkskommission die in diesem Wertpapier verbriefte Forderung an Investoren ab. Daher ist es kaum verwunderlich, dass dieser Kux-Schein zu den teuersten und begehrtesten historischen Wertpapieren zählt.

Zu den absoluten »Blue Chips« unter den Nonvaleurs gehört ferner die Gründeraktie der Standard Oil Company von 1871 mit der Unterschrift von John D. Rockefeller. Wer diese historische Aktie erwerben möchte, muss – sofern er jemals auf ein entsprechendes Angebot trifft – mit einem sechsstelligen Betrag rechnen.

Das Preisspektrum für historische Wertpapiere ist sehr breit. Einsteiger können sich ein solches Stück Wirtschaftsgeschichte schon für ein paar Euro kaufen; für gesuchte Stücke in gutem Erhaltungszustand werden dann aber ziemlich schnell drei- oder vierstellige Preise fällig. Ganz seltene Wertpapiere, mit denen sich idealerweise noch ein besonderes Kapitel der Wirtschaftsgeschichte verbindet – wie im Fall der Lehman-Aktie –, wechseln auf Auktionen dann oft erst für fünfstellige Preise ihre Besitzer.

Auch wenn Experten davor warnen, das Sammeln von Nonvaleurs vor allem als alternative Kapitalanlage anzusehen, konnte man mit manchen Papieren in der Vergangenheit durchaus Gewinne erzielen. Ein Beispiel dafür seien die Aktien des Nobel-Juweliers Tiffany, sagt Joachim Hahn, der historische Wertpapiere im Internet anbietet, gegenüber dem Autor des vorliegenden Buches. »Konnte man diese Aktie früher über einen US-Broker ausliefern lassen und zu 100 Euro mit Gewinn verkaufen, kostete sie zuletzt 200 Euro, und ich kann kaum noch welche beschaffen.«

Die Aktie von Junghans, einst der größte Uhrenhersteller der Welt mit Sitz in dem Schwarzwaldstädtchen Schramberg, wird hingegen zu Preisen zwischen 30 und 50 Euro gehandelt. Von dieser Reichsmark-Emission gibt es noch zu viele Exemplare.

Grundsätzlich gilt: Je weniger Stücke zirkulieren, desto größer die Chance auf signifikante Preissteigerungen. Sammler sollten daher vor allem in Papiere investieren, von denen maximal noch zehn Stück vorhanden sind. Als ausgesprochen selten gelten historische Wertpapiere, wenn nur noch 2–3 Exemplare verfügbar sind. Leider sind diese Papiere aber oft in festen Sammlerhänden oder Museen. An solche Papiere heranzukommen, erfordert dann schon viel Geduld und Glück.

»In den letzten 15 bis 20 Jahren kam es in unserem Bereich zudem bei russischen und chinesischen Papieren zu extrem starken Wertsteigerungen von teilweise mehreren tausend Prozent«, sagt Matthias Schmitt von der HWPH AG. Und er gibt allen renditeorientierten Sammlern einen Tipp mit auf den Weg: »Für die Zukunft sehe ich vor allem Papiere aus Südamerika als sehr interessant an, da hier vergleichsweise alte und bedeutende Stücke noch günstig zu haben sind.« Damit es zu nennenswerten Preissteigerungen komme, sei vor allem die wirtschaftliche Entwicklung in der Region relevant, aus der man historische Wertpapiere sammle. So habe der Aufschwung in Russland und China einige sehr zahlungskräftige Sammler hervorgebracht. Diese hätten die Preise förmlich explodieren lassen, berichtet Schmitt.

Dabei sind es keineswegs nur sehr alte Papiere, die deutliche Wertsteigerungen erzielen. Sammler kaufen auch gern neuere Papiere aus der D-Mark-Zeit sowie Aktien von international bekannten Firmen, wie Walt Disney und Goldman Sachs, was die Preise naturgemäß steigen lässt. Hingegen sind die »Uraltpapiere aus dem 17. und 18. Jahrhundert«, wie Matthias Schmitt sie nennt, oft noch verhältnismäßig günstig zu haben.[11]

Historische Aktie des Motorrad-Herstellers Harley Davidson
Bild: Archiv Redaktionsbüro Brückner

Bleibt am Ende die Frage, die sich bei so vielen alternativen Sachwerten stellt: Eignen sich historische Wertpapiere tatsächlich als Kapitalanlage, oder handelt es sich nicht vielmehr um dekorative und teilweise auch künstlerisch anspruchsvolle Zeugnisse aus der Wirtschaftsgeschichte? Der Diplom-Ökonom und Kapitalmarktexperte Rolf Krahe gibt sich überzeugt: »Nonvaleurs sind werthaltig. Das Sammelgebiet entwickelt sich langsam aus dem Nischendasein heraus. Es ist zu vermuten, dass sich der Kreis von Einsteigern in das Sammelgebiet vergrößert.«[12] Immerhin gibt es inzwischen sogar eine Art »Dax für Nonvaleurs«, den Historic Stocks Market Index, zusammengesetzt aus 100 Nonvaleurs (*www.hstm-index.de*).

Tipp: Wenn Sie sich für historische Aktien als Kapitalanlage entscheiden, achten Sie unbedingt auf den Erhaltungszustand der Papiere. Unterschieden werden folgende Qualitäten:

UNC: Uncirculated (einwandfrei und neuwertig)
EF: Extremely fine (minimale Gebrauchsspuren)

VF: Very fine (Knickfalten, kleinere Randeinrisse,
eventuell kleinere Flecken)

F: Fine (starke Gebrauchsspuren, oft restaurierungsbedürftig)

Briefmarken

Vom typischen Briefmarkensammler haben die meisten ziemlich genaue (Klischee-)Vorstellungen: Ein etwas introvertierter älterer Herr, ausgestattet mit Lupe und Pinzette, schaut bei einem Schälchen Tee gedankenversunken in seine Alben und ist stolz auf seine Schätze – die vermutlich kleinsten Wertpapiere der Welt. Mitunter ist ihm allerdings auch ein wenig melancholisch zumute. Er weiß, dass es immer weniger Briefmarkensammler gibt, weil schlicht der Nachwuchs fehlt. Die mit viel Liebe gepflegte Sammlung ist zudem nur selten ein Vermögen wert. Und wenn, dann allenfalls ein kleines.

Aber da gibt es auch die anderen – die Reichen und Mächtigen mit großem Vermögen, die in wertvolle Briefmarkenraritäten investieren. Zum Beispiel Erivan Haub (1932–2018), der langjährige Mitinhaber der Tengelmann-Gruppe und einer der reichsten Männer Deutschlands. Oder der ehemalige französische Präsident Nicolas Sarkozy. Auch der bekannte Schuhdesigner Stuart Weitzman gibt schier unglaubliche Summen für Briefmarken aus. Für eine British Guiana etwa zahlte er sage und schreibe 9,5 Millionen US-Dollar.

Trotz dieser prominenten Beispiele warnt Dieter Michelson, Geschäftsführer des Wiesbadener Briefmarken-Auktionshauses Heinrich Köhler, vor Illusionen: »Nur unter dem Aspekt der Kapitalanlage würde ich niemandem empfehlen, in Briefmarken zu investieren. Es sollte schon eine hohe Affinität zur Philatelie hinzukommen.«

Und dennoch gibt es sie: Absolute Highlights, Rekordergebnisse, die es sogar bis in die Abendnachrichten schaffen. Ende Juni 2021 etwa wurde in Ludwigsburg ein historischer Umschlag mit der Roten-Mauriti-us-Briefmarke für geschlagene 8,1 Millionen Euro versteigert. Mit dieser heute extrem seltenen Marke wurde seinerzeit das Porto für den Versand von Einladungen zu einem Kostümball bezahlt. Die Queen besitzt einen solchen Umschlag mit Marke – und jetzt auch ein unbekannter Sammler, der bereit war, dafür über 8 Millionen Euro zu zahlen.

Briefumschläge mit sehr seltenen Briefmarken haben in der Regel einen hohen philatelistischen Wert. »Die ungebrauchte Marke summt, die gestempelte Marke flüstert, aber der Brief erzählt eine Geschichte«, weiß Experte Dieter Michelson.

Geschichten und Geschichte – sie machen Briefmarken oft begehrt und teuer. Nicht nur unter Philatelisten bekannt ist zum Beispiel die Geschichte rund um die Schauspielerin Audrey Hepburn. Im Jahr 2001 legte die Deutsche Post eine Wohlfahrtsmarke auf. Sie zeigte Audrey Hepburn mit einer Zigarette – ein Foto aus dem legendären Streifen *Frühstück bei Tiffany*. Die Familie der Schauspielerin war entsetzt, immerhin war Audrey an einer Lungenkrankheit gestorben. Und jetzt dieses Porträt mit der Zigarette. Die Post stoppte den Vertrieb dieser Marke. Dennoch kamen wenige Exemplare dieses Postwertzeichens, wie Briefmarken im Amtsdeutsch heißen, in Umlauf. Wegen einer Panne wurden diese Marken nicht an die Bundesdruckerei zur Vernichtung zurückgeschickt. Der Preis für diese seltenen Hepburn-Briefmarken ging daraufhin regelrecht durch die Decke. Anfang 2019 wurde einer dieser raren philatelistischen Schätze für rund 92 000 Euro plus Aufgeld versteigert.

Eine an sich peinliche Geschichte befeuert auch die Performance einer weiteren Rarität: Der »Schwarze Einser«, ab 1849 herausgegeben, war die erste Briefmarke des Königreiches Bayern und gleichzeitig die erste Marke in Deutschland. Bei einem 12er-Block kam es zu einem Fehler: Eine der Marken stand auf dem Kopf. Diese Rarität wurde im Jahr 2009 vom Auktionshaus Heinrich Köhler zu einem Preis von 320 000 Euro zugeschlagen.

Zu den Turbo-Performern gehört ferner der »Basler-Taube«-Brief. Die Marke, die einen historischen Umschlag ziert, kam vor über 175 Jahren an die Schweizer Postschalter. Sie war die erste mehrfarbig gedruckte Briefmarke der Welt und zählt auch wegen ihres Designs zu den philatelistischen Leckerbissen. Zwischen 2005 und 2014 stieg der Preis der »Basler Taube« um satte 270 Prozent. Für 103 700 Schweizer Franken (rund 95 700 Euro) wechselte diese Rarität 2014 im Auktionshaus Rapp ihren Besitzer.

Wurde Ende 2014 für 103 700 Schweizer Franken (knapp 96 200 Euro) versteigert: Brief mit der »Basler Taube«; Bild: Auktionshaus Rapp

Diese Preise verdeutlichen die Marktverschiebungen, die in den vergangenen Jahren zu beobachten waren: Heute gibt es weniger Kleinsammler, dafür mehr Investoren und Spekulanten. Gleichzeitig öffnet sich die Preisschere: Rares und Gutes wird noch teurer, Massenware noch billiger.

Aber in welche Briefmarken soll ein angehender Sammler auf der Suche nach einer alternativen Form der Geldanlage investieren? »Im ersten Schritt sollte man unverzichtbares Fachwissen aufbauen. Hierzu gibt es Fachliteratur und Verbände, wo sich der Interessent informieren kann«, rät Reinhard Fischer vom gleichnamigen Auktionshaus in Bonn. Wer eine werthaltige Sammlung aufbauen möchte, muss sich spezialisieren. Ein roter Faden sollte erkennbar sein.

Wer pro Monat 300–400 Euro investiert, kann sich über die Jahre eine schöne Sammlung aufbauen. Unter dem Aspekt der Kapitalanlage kommen in erster Linie die klassischen Marken bis 1870 in guter Qualität in Betracht, zum Beispiel aus Bayern, Baden, Oldenburg und Württemberg. Außerdem Inflationsmarken bis 1923 oder Marken aus ehemaligen deutschen Kolonien. Kapitalanleger sollten nur Spitzenwerte und keine Mainstream-Marken kaufen. Bei einem Katalogwert ab 300 Euro ist es ratsam, auf ein Attest von einem anerkannten Prüfer zu achten. Denn:»Es gibt nicht nur Philatelisten, sondern auch Filoutilisten«, sagt Reinhart Fischer augenzwinkernd. Und dass man eine kostbare Sammlung auch sicher verwahren muss, ist eine Selbstverständlichkeit.

Diamanten

Der frühere US-Außenminister Henry Kissinger formulierte es einmal ganz pragmatisch:»Ein Diamant ist ein Stück Kohle, das unter hohem Druck zu etwas Besserem geworden ist.« So kann man es natürlich auch sehen, aber immerhin sind manche bereit, für dieses »Stück Kohle« astronomische Summen auszugeben. Immer wieder lesen wir von Rekordpreisen für diese Edelsteine der Extraklasse. Ende 2020 etwa wurde in der Schweiz ein pinkfarbener Diamant (14,83 Karat) für rund 19,45 Millionen Euro versteigert. Der Edelstein mit dem Namen »The Spirit of the Rose« gilt als der bisher größte je geschliffene pinkfarbene Diamant.

Farbige Diamanten (Fancy Colours) erzielen immer wieder absolute Wahnsinnspreise, die Zeitgenossen ohne acht- oder neunstellige Kontostände nur noch mit dem Kopf schütteln lassen. »Fancys« sind sehr selten und deshalb unglaublich wertvoll. Statistisch gesehen, befindet sich unter 100 000 Diamanten nur ein echter Fancy-Diamant. Die Argyle-Mine in Australien war lange Zeit die wichtigste Fundstätte für pinkfarbene bis rote Fancy Diamonds. Die Farbe eines Diamanten kann auch künstlich verändert werden. Das muss dann aber im Zertifikat angegeben werden.

Sieht man von solchen Rekorderlösen einmal ab, hat sich der Diamantenmarkt aus Sicht der Anleger in den zurückliegenden Jahren nicht eben als glänzend erwiesen. Seit Anfang 2018 befinden sich die Diamantpreise im Abwärtstrend. Seit 2015 ist der Preisindex um 12 Prozent gefallen. Allerdings fiel der Preisrückgang in der Corona-Krise vergleichsweise moderat aus. So gab es denn auch im Jahr 2021 Anzeichen, dass die Diamantpreise in den nächsten Jahren wieder anziehen könnten.

Der vielleicht größte Vorteil von Diamanten als Kapitalanlage: Die im wahrsten Sinne des Wortes facettenreichen Edelsteine verdichten einen unglaublich hohen Wert auf kleinstem Volumen. Sie sind daher – wie an anderer Stelle bereits erwähnt – sehr flexibel und mobil. Trotzdem sind Diamanten als Geldanlage eher mit Vorsicht zu genießen. »Ein Diamanten-Investment setzt den Einsatz von mindestens 50 000 Euro voraus. Und wenn Sie jetzt berücksichtigen, dass Sie höchstens 5–10 Prozent Ihres liquiden Gesamtvermögens in Diamanten investieren sollten, dann können Sie leicht ausrechnen, von welchem Vermögensvolumen wir hier reden«, sagt der Mainzer Finanzcoach und Autor Antonio Sommese.[13]

Doch Sie brauchen nicht nur viel Geld, sondern auch sehr viel Expertise für den Diamantenkauf. Das fängt schon mit der Frage an, welche Zertifikate von welchen gemmologischen Instituten international anerkannt werden, denn dies ist die Voraussetzung, um beim Verkauf von Diamanten einen angemessenen Preis zu erzielen. Als führende internationale Institute gelten HRD in Belgien sowie IGI und GIA in den USA. Hochkarätige Steine, die sich als Kapitalanlage eignen, sollten jedoch immer über ein GIA-Zertifikat verfügen.

Wenn Sie sich schon einmal mit Diamanten näher beschäftigt haben – sei es als alternative Geldanlage, sei es vor dem Kauf von Diamant-

Gold und Edelsteine – die Mischung macht's
Bild: Panthermedia/Redaktionsbüro Brückner

schmuck –, dann haben Sie höchstwahrscheinlich von den berühmten 4 Cs gehört, die über den Wert eines Diamanten entscheiden. Diese 4 Cs stehen für »Carat« (Karat), »Colour«, »Cut« und »Clarity«, also Karatzahl (Gewicht), Farbe, Schliff und Reinheit. Weniger bekannt ist, dass es weitere qualitätsentscheidende Parameter zur Beurteilung des Wertes eines Diamanten gibt. Dazu gehören die Schliffausführung, die erwähnten Zertifikate sowie der Nachweis, dass es sich nicht um Blut- oder Konfliktdiamanten handelt.

Bedenken sollten Sie ferner den »Autohaus-Effekt«: Wenn Sie sich ein neues Fahrzeug leisten und vom Hof des Händlers fahren, hat Ihr neuer Stolz schon viel an Wert eingebüßt, nämlich die nicht unerhebliche Händlerprovision. Gleiches gilt auch für Diamanten. Viele Händler und Zwischenhändler verdienen daran. Wenn Sie heute um 10 Uhr einen Diamanten kaufen und ihn um 11 Uhr wieder verkaufen, haben Sie mindestens 40 Prozent an Wert verloren (nicht zuletzt auch wegen der von Ihnen zu zahlenden Mehrwertsteuer). Allerdings gibt es mittlerweile auch viele seriöse Händler im Internet mit geringeren Spannen. Nur müssen Sie sich in diesem Fall dann wirklich zutrauen, die Spreu vom Weizen zu trennen. Kurzum: Wenn Sie sich am faszinierenden Feuer von Diamanten erfreuen, dann kaufen Sie Schmuck und machen Sie sich selbst oder Ihrer Partnerin damit eine Freude. Diamanten als Kapitalanlage sind allenfalls für sehr wohlhabende Zeitgenossen geeignet.

Farbedelsteine

Ein Diamant hat zahlreiche Besonderheiten, die ihn attraktiv und begehrt machen: Seine Brillanz, all die Mythen, die sich um ihn ranken – und natürlich seine Härte. Auf der Härteskala nach dem Mineralogen Friedrich Mohs (1773–1839) erreicht Diamant den Top-Wert 10. Eines ist Diamant entgegen allen kursierenden Behauptungen aber nicht: wirklich selten. Tatsächlich gibt es wesentlich seltenere Edelsteine – vor allem die extrem begehrten Farbedelsteine. Gemeint sind dabei nicht die erwähnten naturfarbenen Diamanten (Fancys), sondern Rubine, Smaragde, Saphire & Co., die schon immer die Schatztruhen der Mächtigen und die Schmuckschatullen der Schönen füllten. Da erscheint die Frage berechtigt, ob hochwertige Farbedelsteine ein Sachwerte-Depot diversifizieren können. »Durchaus« sagt der Wiener Edelsteinexperte Heinz Schiendl. Allerdings komme dies nur für Anleger in Betracht, die bereits in andere wichtige Assetklassen wie zum Beispiel Aktien, Gold und Immobilien investiert hätten. Außerdem sollte der Anteil an zertifizierten Farbedelsteinen etwa 10 Prozent des Vermögens nicht übersteigen, rät Schiendl.[14] Wichtig sei ferner ein sicherer Aufbewahrungsort, denn Farbedelsteine konzentrierten ein hohes Vermögen in sehr kleinem Volumen – ähnlich wie Diamanten.

Ein Beispiel: Nehmen wir einen ungebrannten, zertifizierten Rubin mit sehr kleinen Einschlüssen und rund 3 Carat (das entspricht eben mal 0,6 Gramm). Dafür musste man Ende 2021 schon mit einem Investment im mittleren fünfstelligen Bereich rechnen – sofern man einen solchen Stein in Premiumqualität überhaupt noch bekommt.

Auch während der Corona-Krise in den Jahren 2020/2021 stiegen die Preise für hochwertige Farbedelsteine um durchschnittlich 5 Prozent p. a., das entspricht etwa dem Preisanstieg der Jahre zuvor. Allerdings erhöhten sich die Einkaufspreise im Großhandel zum Beispiel für Burma-Blausaphire, Burma-Rubine und auch für die Top-Rubine aus Mosambik um bis zu 15 Prozent. Vorausgesetzt, es handelt sich um Steine in Premiumqualität. Ungebrannte Saphire in Größen jenseits von 5 Carat (andere Schreibweise: Karat) haben sich in den zurückliegenden Jahren auch in anderen Farbtönen – wie zum Beispiel Rosa, Pink und Gelb – zwischen 5 und 10 Prozent gesteigert. Ähnliches trifft auf farbintensive Spinelle und intensivgrüne Tsavorite zu. Deutliche Unterschiede zeigen sich immer wieder zum Beispiel zwischen geölten und ungeölten Smaragden. Die ungeölten Exemplare mit sattem Grünton sind weitaus seltener und stärker nachgefragt, was in den zurückliegenden Jahren zu signifikanten Preissteigerungen führte.

Das wirft die Frage auf, weshalb Edelsteine eigentlich gebrannt oder geölt werden. Salopp ausgedrückt könnte man sagen, die Steine werden dadurch »aufgehübscht«. Durch das sogenannte Brennen werden die Farben des Edelsteins intensiviert und die Einschlüsse verringert. Das Öl soll die Risse und kleinen Spalten – die Fissuren – füllen. Echte Sammler mögen das nicht so sehr. Sie kaufen lieber unbehandelte Steine, die selten und daher entsprechend teuer sind.

Als Kapitalanlage geeignet sind die sogenannten Big Three, als da wären Rubin, Saphir und Smaragd. Interessante »Nebenwerte« gibt es indessen kaum noch. Seit Jahren zeichnet sich ein eindeutiger Trend hin zu lebhaften Farben ab. Und diese Steine sind alle schon recht teuer. Pastellfarben sind generell niedriger eingestuft (zum Beispiel Aquamarin, Morganit, Blautopas usw.). Zudem gibt es unbekanntere Steine mit hoher Schmucktauglichkeit wie etwa Danburit, Sillimanit und Sinhalit. Deren Farben sind in der Regel weniger attraktiv, weshalb kaum Wertsteigerungspotenzial zu erwarten ist.

Perlen

Kommen wir zu einem weiteren exotischen Sachwert, der eher im Bereich Schmuck als bei der Kapitalanlage zu verorten ist. Trotzdem müssen auch Perlen – die »Tränen der Götter«, wie es oft heißt – und der aus ihnen gefertigte Schmuck sicher aufbewahrt werden. Deshalb will ich aus Gründen der Vollständigkeit auch kurz auf diese Preziosen aus den Ozeanen eingehen.

Perlen sind Produkte der Natur, auch wenn im Fall der Zuchtperlen der Mensch ein klein wenig nachhilft. Perlen entstehen, weil sich eine Auster gegen einen in sie eingedrungenen Fremdkörper wehrt, ihn mit Perlmuttschichten überzieht und auf diese Weise neutralisiert. Solche reinen Naturperlen sind sehr selten und entsprechend teuer. So kam man schon im frühen 20. Jahrhundert auf die Idee, einen Kern – den sogenannten Nukleus – von Menschenhand in eine Auster zu implantieren. Und zwar genau dort, wo die Muschel Perlmutt produzieren kann, mit dem sie den Eindringling umgibt. Auf diese Weise entstehen die heute üblichen Zuchtperlen, die teilweise schon ähnliche Preise erreichen wie hochwertige Edelsteine.

Wer nicht nur in Schönheit, sondern auch in Werthaltigkeit investieren möchte, sollte sich für weiße und goldene Südseeperlen oder aber für dunkle Tahitiperlen entscheiden, die erheblich seltener sind als Süßwasserperlen. Beim Implantieren der Kerne in besonders große Südseeaustern besteht eine Chance von circa 50 Prozent, dass eine Perle entsteht. Dabei erreichen nur zwischen 1 und 5 Prozent die höchste Qualitätsstufe AAA. Die Voraussetzungen für das »Triple A«: Die Perle muss perfekt rund sein, eine makellose Oberfläche aufweisen und mit einem ausgezeichneten Glanz überzeugen. Wenn nur eines dieser Merkmale fehlt, kann der Preis um bis zu 80 Prozent fallen.

Besondere Bedeutung kommt dem Lüster der Perle zu. Die Auster bildet mehrere Schichten aus Perlmuttsekret, die halb lichtdurchlässig sind. »Der Lüster ist nicht der Glanz, sondern das geheimnisvolle Leuchten der Perle. In dieser Lichtspiegelung findet man alle pastellfarbigen Töne des Regenbogens, wenn man eine hochwertige Perle bewusst ansieht«, schreibt der frühere Globetrotter und Schmuckexperte Johannes O. Vranek.[15]

Natürlich entscheidet die Größe der Perle mit über deren Preis, doch grundsätzlich gilt die Devise: Qualität geht vor Größe. Experten empfehlen unter Anlageaspekten vor allem Südseeperlen mit einem Mindestdurchmesser von 13 Millimetern. Deutlich kleiner sind in der Regel die Akoya-Zuchtperlen, die meist in Größen zwischen 6–8 Millimetern für Perlenketten verwendet werden. Wichtig: Japanische Perlen sind deutlich wertvoller als chinesische. Die dunklen Südseeperlen (Tahitiperlen) stehen – ähnlich wie die weißen und goldenen Varian-

Perlen - bisweilen auch »Tränen der Götter« genannt
Bild: Panthermedia/Redaktionsbüro Brückner

ten – ebenfalls hoch im Kurs. Sie bilden sich in den schwarzlippigen Austern (*Pinctada margaritifera*) überwiegend in den Perlenfarmen in Französisch-Polynesien. Wirklich schwarze Perlen von hoher Qualität sind selten und entsprechend teuer. Katharina die Große nannte ein Collier aus dreißig schwarzen Perlen ihr Eigen, auch die österreichische Krone aus dem 18. Jahrhundert war mit Tahitiperlen besetzt.

Uhren

Das hochemotionale Bietergefecht im Auktionshaus Phillips in New York dauerte vor einigen Jahren gerade einmal 12 Minuten. Dann ging ein Raunen durch den Saal – und mancher wischte sich diskret den Schweiß von der Stirn: Soeben war der Hammer des Auktionators gefallen, und eine Rolex Daytona Paul Newman Referenz 6239 hatte zu einem Rekordpreis von 17 752 500 US-Dollar den Besitzer gewechselt. Den Zuschlag erhielt ein der Öffentlichkeit unbekannter Telefonbieter.

Millionensummen sind bei Uhrenauktionen zwar selten, aber nicht ungewöhnlich. Als im Jahr 1944 die ersten Exemplare der Patek Philippe Referenz 1518 mit Ewigem Kalender auf den Markt kamen, musste der Uhrenfreund rund 2600 Franken zahlen. Für damalige Verhältnisse gewiss kein Schnäppchen. Doch im November 2016 wurde eine der wenigen Edelstahlvarianten dieser Uhr für über 11 Millionen Schweizer Franken versteigert.

Es sind Zahlen wie diese, die in Zeiten der Null- und Negativzinsen nicht nur die Freunde edler Zeitmesser inspirieren: Sind edle Armbanduhren tatsächlich ein hochattraktives Alternativ-Investment? Fragt man Experten, so fallen die Antworten ambivalent aus. »Rund 80 Prozent der teuren Markenuhren haben kein Wertsteigerungspotenzial«, weiß zum Beispiel Uhrenexperte Stefan Muser vom Mannheimer Auktionshaus Dr. Crott. Zu einer anderen Einschätzung gelangt, wer nach der *Werthaltigkeit* von Uhren fragt. Die meisten begehrten Modelle der weltweit geschätzten Manufakturen in der Schweiz und im sächsischen Glashütte mögen ihren Besitzern vielleicht nicht unbedingt hohe Wertsteigerungen einbringen, dafür aber Freude und Besitzerstolz. Da auch viele andere Sammler rund um die Welt diese Zeitmesser schätzen, besitzen die meisten dieser Uhren einen hohen »inneren Wert«. Eine Aktie kann im schlimmsten Fall auf null sinken – viele Anleger sammelten auf dem Neuen Markt während der Dotcom-Euphorie in dieser Hinsicht schmerzhafte Erfahrungen. Eine gut erhaltene IWC, eine gefragte Breitling, die »Moonwatch« von Omega und erst recht eine Lange & Söhne – diese Uhren werden niemals wertlos sein, sondern immer einen hohen inneren Wert behalten, selbst wenn dieser vermutlich nicht mehr dem Einstandspreis entspricht.

Wer aber realistisch und ohne überzogene Erwartungen in Uhren investiert, kann mit einigen Modellen und viel Geduld durchaus Wertzuwächse erzielen, da die großen Marken kontinuierlich die Preise erhöhen. Die weltweit geschätzten Manufakturen können das, weil sie eine temporär zurückgehende mit einer steigenden Nachfrage aus anderen Ländern wieder kompensieren können.

Wertsteigerungen erfahren dabei nicht nur die extrem seltenen und weltweit gefragten Modelle, sondern – wenngleich in viel bescheidenerem Umfang – auch Uhren, die in größerer Stückzahl hergestellt wurden. Ein Beispiel: Bei einem renommierten Anbieter von Noveluhren aus zweiter Hand musste man vor Kurzem für eine sehr gut erhaltene Rolex Explorer II rund 5000 Euro zahlen. Der Vorbesitzer hatte die Uhr im Jahr 2002 bei einem Erfurter Juwelier noch für 3650 Euro erworben. Nach knapp 16 Jahren war die gebrauchte Uhr also teurer als beim Neuerwerb.

Was entscheidet nun aber über das Wertsteigerungspotenzial oder zumindest über den Werterhalt einer edlen Armbanduhr? Im Wesentlichen gibt es fünf wichtige Faktoren:

1. **Die Marke.** Uhrensammler, die ihre guten Stücke auch unter Investment-Aspekten erwerben, sind sich weitgehend einig, dass man mit den großen Schweizer Marken Patek Philippe und Rolex nichts falsch machen kann. Stellt man eine Analogie zur Börse her, dann wären dies also die Standardwerte. Investoren aber wissen, dass »Nebenwerte« bisweilen noch interessanter sein können. Und in der Tat gibt es durchaus noch eine Reihe von »Investment-Grade«-Marken. Zum Beispiel IWC mit ihren alten Fliegeruhren, Omega und Panerai mit ihren Vintage-Modellen, Jaeger-LeCoultre sowie natürlich die Top-Marken aus Glashütte, allen voran Lange & Söhne mit dem Spitzenmodell Tourbillon Pour le Mérite.

2. **Komplikationen.** Generell steigt der Wert einer Uhr mit der Anzahl ihrer uhrmacherischen Finessen, im Fachjargon Komplikationen genannt. Für Ewige Kalender oder Tourbillons (Drehgestell mit Unruh, Anker und Ankerrad) verlangen renommierte Marken schon mal fünf- bis sechsstellige Summen. Eine Ausnahme macht Rolex. Das begehrteste Modell der Genfer Marke – die Daytona – ist lediglich ein Chronograph (also ein Kurzzeitmesser), der zu den kleineren Komplikationen zählt.

3. **Seltenheit.** Dass streng limitierte Uhren an Wert deutlich zulegen können, zeigt das Beispiel Breitling. Modelle, von denen nur 50 oder 100 Stück für bestimmte Auftraggeber hergestellt wurden, sind heute kaum noch zu haben – und wenn, dann zu einem entsprechend hohen Preis. Auch auf dem Uhrenmarkt gelten die ökonomischen Gesetze: Je knapper die Ware, desto teurer. Eine Ausnahme stellt in dieser Hinsicht wiederum Rolex dar. Diese Manufaktur fertigt wesentlich höhere Stückzahlen als etwa Patek Philippe oder Lange & Söhne und kann dennoch am Markt hohe Preise durchsetzen.

4. **Erhaltungszustand und Dokumente.** Nicht nur optisch sollte die Uhr in hervorragendem Zustand sein, um einen guten Preis

zu erzielen. Auch technisch darf sie keine Macken aufweisen. Der Käufer achtet daher darauf, dass die Uhr regelmäßig beim Hersteller oder in einer Fachwerkstatt zur Revision war. Kauf und Revisionen sollten dokumentiert sein, so lässt sich auch das Risiko von Fälschungen minimieren. Unausgefüllte Garantiedokumente und das Fehlen der Original-Uhrenboxen senken den erzielbaren Verkaufspreis. Gleiches gilt, wenn keine Originalteile verwendet wurden (etwa beim Austausch der Armbänder und der Schließen).

5. **Das Marktumfeld.** Auch Uhrensammler gehen oft mit der Mode. Vor einigen Jahren war das Tourbillon als Komplikation besonders beliebt. Dann kamen aus China »Billig-Tourbillons« auf den Markt, was natürlich erheblich am Image dieser Komplikation kratzte. Später war dann eher wieder die Repetition, also Armbanduhren mit Geläut, en vogue. Uhren mit sehr kleinen Zifferblättern sind heute relativ schwer zu verkaufen (Ausnahme: Patek Philippe), aber auch die »tickenden Niveadosen« im XXL-Format sind nicht mehr so stark gefragt.

Wer schließlich nicht nur aus Spaß an schönen Uhren Nobelticker erwerben möchte, sondern auch den Investment-Aspekt im Auge hat, sollte immer auf die 3-I-Formel achten: Erst interessieren, dann informieren, dann investieren. Und abschließend gestatte ich mir, die Expertise eines renommierten Fachmanns zu zitieren: »Uhren können die Wertstabilität eines Portfolios erhöhen, dieses weiter diversifizieren und – wenn man einige Regeln und Marktmechanismen befolgt – auch soliden Gewinn abwerfen. Sie sind aber als Investment keine Antwort auf die Frage, wozu Gewinn eigentlich gut ist. Darauf muss jeder seine ganz persönliche Antwort finden«, schreibt Professor Oliver Hoffmann.[16]

Exkurs: Bargeld

Bargeld ist bekanntlich kein Sachwert. Im Gegenteil, es handelt sich um »Fiat Money«, abgeleitet vom lateinischen Wort *fiat* (»Es geschehe!«, »Es werde!«). Die Formel lautet mithin: »Es werde Geld.« Banknoten besitzen im Gegensatz etwa zu Edelmetallen keinen inneren Wert. Nur weil die Menschen den Notenbanken (noch, aber in stark rückläufigem Maße) vertrauen und ihren Zahlungsversprechen glauben, können wir mit Papiergeld Ware kaufen. Der Vorteil des Bargeldes besteht darin, dass es anonyme Kaufprozesse zulässt. Niemand erfährt, was Sie eingekauft haben, wenn Sie an der Kasse mit Bargeld zahlen. Cash ist und bleibt fesch, auch wenn in den nächsten Jahren verstärkt mit Bargeldverboten und -restriktionen zu rechnen ist.[17]

Während der Corona-Krise wurde auf die Konsumenten zunehmend Druck ausgeübt, wegen der Hygiene »nach Möglichkeit« mit Karte oder dem Smartphone zu zahlen. Tatsächlich ging der Einsatz von Bargeld in diesen Monaten deutlich zurück. Das kann nicht verwundern, wurden die Menschen doch gezielt verunsichert. Was freilich verwundern kann, ist die Tatsache, dass immer mehr Geldscheine gedruckt werden. Im Corona-Jahr 2020 waren es Banknoten im Wert von rund 71 Milliarden Euro, die zusätzlich in Umlauf kamen. Davon entfiel etwa ein Drittel auf den März 2020, als die Virus-Panikmache an Fahrt gewann. Das war der höchste Monatszuwachs an Bargeld seit Einführung des Euro.[18]

Die Verbraucher zahlen häufiger mit Karte oder Smartphone, gleichzeitig erlebt das Bargeld einen Boom. Wie ist dieses Paradoxon zu erklären? Relativ einfach: Viele Menschen in Deutschland und in den Nachbarländern horten Bargeld im Tresor zu Hause oder im Schließfach. Obwohl niemand über die gehorteten Bargeldsummen spricht und alle Schätzungen deshalb sehr vage ausfallen müssen, geht die Bundesbank davon aus, dass nur rund 10 Prozent aller Euro-Scheine zum Bezahlen in Läden oder im Restaurant genutzt werden. Das heißt:

Bis zu 90 Prozent verschwinden in Tresoren oder Schließfächern.[19] Das
ist übrigens einer der Gründe, weshalb die EZB keine neuen 500-Eu-
ro-Scheine mehr in Umlauf bringt: Wer seine Barreserven in 100- oder
200-Euro-Banknoten aufbewahren möchte, braucht einen größeren
Tresor beziehungsweise ein größeres Schließfach. Und der Autor dieser Zeilen gestattet sich in diesem Zusammenhang die Prognose, dass
wohl bald auch die 200-Euro-Noten, von denen schon jetzt nur wenige in Umlauf sind, sukzessive aus dem Verkehr genommen werden.

Wenn Sie Bargeld aufbewahren möchten, dann beachten Sie folgende
Empfehlungen:

1. In Bankschließfächern ist Bargeld in der Regel nicht versichert.
   Es ist daher sicherer, das Geld bei einem bankenunabhängigen
   Wertschließfachanbieter aufzubewahren. Dort ist in den meisten
   Fällen der gesamte Inhalt des Schließfachs versichert, also auch
   Bargeld. Sicherheitshalber sollten Sie aber gezielt nachfragen und
   die Versicherungsbedingungen unter die Lupe nehmen.

2. Tauschen Sie einen Teil Ihrer Cash-Reserven in Schweizer
   Franken. Im Nachbarland gibt es nach wie vor »raumsparende«
   1000-Franken-Banknoten, außerdem sind Sie dann nicht nur
   vom Euro abhängig.

3.

Sachwerte sicher kaufen

Kauf und Verkauf über Auktionshäuser

Vor einigen Jahren bekam Stefan Muser, Inhaber des auf Uhren spezialisierten Auktionshauses Dr. Crott in Mannheim, Besuch von einem Kunden aus Ungarn. Der ältere Herr überreichte ihm eine Patek Philippe, die er zu veräußern gedachte. Man hatte ihm dafür zwischen 5000 und 7000 Euro geboten. Nun war der Ungar kein Uhrenexperte, aber ihm war schon klar, dass diese Uhr wesentlich mehr wert war. Es handelte sich um eine Patek im Stahlgehäuse, Referenz 1518. Davon waren weltweit nur fünf Stück bekannt. Muser nahm die Uhr buchstäblich unter die Lupe und schaute dann seinen Kunden lächelnd an: »Ich schätze die Uhr auf mindestens 250 000 Euro.« Der Ungar erschrak, mit einer solchen Summe hatte er nicht gerechnet. Dennoch wollte er über dieses atemberaubende Angebot noch eine Nacht schlafen. »Es war die längste Nacht meines Lebens«, erinnert sich Muser. Dann, am nächsten Morgen, die Nachricht: Der Ungar gab die Uhr beim Auktionshaus Dr. Crott in Kommission. Offensichtlich keine schlechte Entscheidung, denn versteigert wurde diese seltene Patek für sage und schreibe rund 1,3 Millionen Euro!

Was sagt uns diese Anekdote? Sie sagt uns, dass man mit gesuchten Modellen aus Schweizer Luxusmanufakturen tatsächlich viel Geld verdienen kann. Und sie sagt uns, dass es gerade bei hochwertigen Objekten keine schlechte Idee ist, den Verkauf einem renommierten Auktionshaus zu überlassen. Denn eine Auktion ist weit mehr als ein Marktplatz, wo Angebot und Nachfrage aufeinandertreffen. Bei einer Versteigerung schwingen Emotionen mit, die sich nicht selten in Bietergefechte entladen, die den Zuschlagspreis in atemberaubende Höhen katapultieren.

Wann immer über Rekordpreise für Gemälde, andere Kunstgegenstände, Antiquitäten, Porzellan, historische Musikinstrumente oder Uhren berichtet wird, fallen meist zwei Namen, die jeder kennt: Christie's und Sotheby's. Beide Auktionshäuser haben ihre Wurzeln in London, sind aber längst weltweit tätig. Es dürften in der Tat wohl die bekanntesten Auktionshäuser sein, wobei es sich bei Sotheby's sogar um ein börsennotiertes Unternehmen handelt. Beide erzielen pro Jahr rund 7 Milliarden US-Dollar Umsatz (Stand 2018). Eigentümer von Christie's ist die Groupe Artémis, die dem französischen Milliardär François Pinault gehört und zahlreiche Luxusmarken in ihrem Luxusportfolio hat, darunter Gucci, Puma und Château Latour.

Sotheby's betreut nach eigenen Angaben etwa siebzig Sammelgebiete, unter anderem Gemälde, Möbel, Musikinstrumente, Manuskripte, Skulpturen, Teppiche, Wein, Uhren, Schmuck, Autos und (ja!) sogar Immobilien. Christie's wiederum ist als Auktionshaus führend auf dem Kunst- und Antiquitätensektor.

Mit einer Reihe von Filialen in Europa und Tokio hat sich auch das österreichische Auktionshaus Dorotheum längst internationalisiert. Ältere Wiener nennen das Unternehmen noch immer liebevoll »Pfandl«, weil die Firma im Jahr 1707 zunächst als Pfandhaus in der

Dorotheergasse 17 gegründet wurde. Heute versteigert das Auktionshaus eine breite Palette von wertvollen Sammelstücken, darunter unter anderem alte Meister, Musikinstrumente, historische Waffen, Uniformen, Möbel, Briefmarken und Uhren.

Die kleineren und mittleren Auktionshäuser haben sich hingegen auf wenige Sammelgebiete spezialisiert. Philatelisten und Numismatiker schätzen zum Beispiel das Auktionshaus Peter Rapp AG im schweizerischen Wil. Das heute von Marianne Rapp Ohmann geleitete Unternehmen hat inzwischen die Palette seiner Fachgebiete um Uhren, Schmuck, Porzellan und Luxushandtaschen erweitert.

Nicht nur im süddeutschen Raum bekannt ist das Auktionshaus Eppli in Stuttgart. Das Familienunternehmen hat sich auf Schmuck, Uhren, Silber, Edelsteine, Antiquitäten, Designermode und Designeraccessoires spezialisiert. Ich möchte es bei diesen Beispielen belassen, obwohl es weltweit natürlich noch zahlreiche weitere große und renommierte Auktionshäuser gibt.

Wichtig zu wissen ist jedoch, dass es auch eine Reihe von Spezial-Auktionshäusern gibt. Die Auktionshäuser Heinrich Köhler in Wiesbaden und Christoph Gärtner im baden-württembergischen Tamm (Letzteres hat – wie im zweiten Kapitel erwähnt – im Frühsommer 2021 die »Rote Mauritius« für 8,1 Millionen Euro versteigert) haben sich auf Briefmarken spezialisiert, das Auktionshaus Dr. Crott von Stefan Muser in Mannheim sowie das Antiquorum in Genf versteigern in erster Linie wertvolle Uhren. Zu den bedeutendsten Kunstauktionshäusern zählen unter anderem Lempertz (Köln), Schloss Ahlden (Ahlden), Leo Spik (Berlin), Neumeister (München), Van Ham (Köln) und Wilhelm M. Döbritz (Frankfurt am Main). Sehr spezialisiert haben sich die Auktionshäuser Dr. Jürgen Fischer (Glas), Ladenburger Spielzeugauktion (Ladenburg), Auction Team Breker (Technische Antiquitäten) und Rippon Boswell & Co. (Teppiche und Textilien). Eines der international führenden Wein-Auktionshäuser ist Hart Davis Hart in Chicago.

Wann fällt der Hammer? Bei Präsenzauktionen geht es spannend zu
Bild: Panthermedia/Redaktionsbüro Brückner

Vor- und Nachteile der Zusammenarbeit mit Auktionshäusern

Die Zusammenarbeit mit einem angesehenen Auktionshaus mit wissenschaftlicher Expertise bietet für Verkäufer (Einlieferer) und Käufer (Höchstbieter) eine Reihe von Vorteilen, allerdings auch Nachteile. Der Einlieferer kann sich in der Regel darauf verlassen, dass sein Objekt professionell und zielgruppengerecht in Szene gesetzt wird. Das ist eine wichtige Voraussetzung, um einen wirklich guten Preis zu erzielen. Der Höchstbieter vertraut ebenfalls der Expertise des Auktionshauses. Das Risiko, eine Fälschung zu erstehen, ist sehr gering, wenngleich – wie die Vergangenheit zeigt – auch nicht völlig ausgeschlossen. Kommt es dennoch zu Ungereimtheiten, so hat der Höchstbieter juristisch gute Karten, den Kauf rückabwickeln zu lassen.

Die Nachteile aber werden bei der Endabrechnung offenkundig – und für manchen erhält der Begriff »Hammerpreis« dann eine ganz praktische Bedeutung. Der Höchstbieter zahlt auf den Zuschlagspreis ein Aufgeld (»buyers premium«), das zwischen 10 und satten 35 Prozent liegen kann. Wer zum Beispiel eine Vintage-Armbanduhr für 5000 Euro ersteigert, zahlt bei einem vereinbarten Aufgeld von 20 Prozent immerhin 6000 Euro. Hinzu kommt die Umsatzsteuer (in der Regel im Rahmen der Differenzbesteuerung berechnet). Der endgültige Preis dürfte somit deutlich über 6000 Euro liegen.

Noch härter trifft es den Einlieferer, in unserem Beispiel also den Verkäufer der Armbanduhr. Er darf sich nicht über den Zuschlagspreis von 5000 Euro freuen, sondern muss ein Abgeld (»sellers premium«) zahlen. Liegt es ebenfalls bei 20 Prozent, so bleiben ihm nur noch 4000 Euro. Hinzu kommen Bearbeitungsgebühren, Schätzkosten, Versicherungsprämien, gegebenenfalls noch Katalog- und Abbildungskosten sowie weitere vermeintliche »Kleinigkeiten«, die unter dem Strich die Erlöse des Verkäufers noch mal um ein paar Prozent schmälern können.

Unterschiedliche Formen von Auktionen

Selbst wer noch nie ein Auktionshaus betreten hat, kennt den Ablauf einer Versteigerung – und sei es nur aus einschlägigen Filmen. Für den betreffenden Auktionsgegenstand wird ein Limitpreis aufgerufen. Die Interessenten geben ihr Gebot entweder direkt während der Präsenzauktion, per Telefon oder vorab schon auf der Internetseite des Auktionshauses ab. Der Höchstbieter erhält den Zuschlag. Mit jedem Gebot steigt mithin der Preis. Nicht versteigerte Gegenstände werden nach der Auktion im sogenannten Nachverkauf angeboten, meist zum aufgerufenen Limitpreis. Das Verfahren des mit jedem Gebot steigenden Preises heißt »**Englische Auktion**«.

Bei der »**Holländischen Auktion**« hingegen sinkt der Preis. Man nennt sie daher auch die »Rückwärtsauktion«. Zu Beginn wird ein bestimmter Preis für einen Gegenstand ausgerufen, der dann in festen Schritten gesenkt wird (zum Beispiel jeweils 5 Euro). Der Preis sinkt so lange, bis ein Bieter zuschlägt. Dieses Verfahren ist relativ selten und kommt unter anderem bei manchen TV-Shopping-Kanälen zum Einsatz. Der Nachteil der »Holländischen Auktion« besteht darin, dass zunächst ein überhöhter Preis (»Mondpreis«) aufgerufen wird.

Eine weitere Variante ist die »**Verdeckte Auktion**«. Dabei gibt der Interessent ein verdecktes Angebot, zum Beispiel in einem versiegelten Umschlag, ab. Er weiß natürlich nicht, welches Angebot die anderen Interessenten abgegeben haben und wird – wenn er das Objekt unbedingt erwerben möchte – vermutlich bis an seine oberste finanzielle »Schmerzgrenze« gehen.

Bleibt schließlich noch die »**Vickrey- oder Zweitpreisauktion**«, die letztlich eine Variante der »Verdeckten Auktion« darstellt. Auch bei diesem Verfahren werden die Gebote geheim abgegeben. Der Höchstbieter erwirbt das Objekt, zahlt aber nur den zweithöchsten Preis. Angenommen Bieter X gibt ein versiegeltes Angebot von 1000 Euro ab, Bieter Y eines in Höhe von 900 Euro. Dann würde Bieter X die Auktion gewinnen, müsste aber nur 900 Euro zahlen.

Kaufen über E-Bay

Der an anderer Stelle bereits erwähnte Wiener Edelsteinexperte Heinz Schiendl machte die Probe aufs Exempel. Er bestellte Edelsteine im Internet und musste – nur mäßig überrascht – feststellen, dass oft bis zu 50 Prozent der angebotenen Steine nicht das sind, was die Anbieter vorgeben. »Besonders trifft dies bei Internet-Auktionshäusern zu. Dort werden von unkundigen Verkäufern Steine als echt angeboten, die schon aufgrund des niedrigen Preises niemals natürlichen Ursprungs sein können«, sagt Schiendl.[20] Wenn er von »Internet-Auktionshäusern« spricht, dann muss es nicht immer, aber in den meisten Fällen der absolute Marktführer E-Bay sein. Und längst nicht immer sind es skrupellose Betrüger, die den Käufer über den Tisch ziehen wollen. Oft hat der Verkäufer auch selbst keine Ahnung, was er da feilbietet. Womöglich ist er der Ansicht, der Dachstuhlfund im Haus seiner verstorbenen Oma sei tatsächlich ein kleines Vermögen wert. Dann handelt es sich zwar nicht um Vorsatz, sondern um Unkenntnis. Für den Käufer minderwertiger Ware ändert dies aber nichts an dem höchst ärgerlichen Eindruck, betrogen worden zu sein. Seriöse E-Bay-Verkäufer erstatten im Fall eines persönlichen Irrtums den Kaufpreis unverzüglich zurück und entschuldigen sich für das Versehen. Dann ist die Angelegenheit erledigt. Aber es gibt eben auch viele »schwarze Schafe«, denen es nur darum geht, minderwertige Ware völlig überteuert zu verkaufen.

Ich werde häufig gefragt, ob man bei E-Bay teure Wertgegenstände erwerben könne. Goldbarren zum Beispiel oder teure Armbanduhren. Zugegeben, ich muss in solchen Fällen tief Luft holen, denn in dieser Hinsicht habe ich als langjähriger Sachwerte-Sammler eine ziemlich ambivalente Einstellung.

Die Internet-Auktionsplattform E-Bay ist heute längst nicht mehr der »elektronische Flohmarkt«, wie er früher einmal bezeichnet wurde. Wenn ich auf den Seiten stöbere, dann stoße ich regelmäßig auch auf renommierte Händler, bei denen ich mit wirklich gutem Gefühl einkaufe. Allerdings stelle ich mir dann schon die Frage, weshalb ich den Weg über E-Bay wähle und nicht beim Händler direkt kaufe. Richtig ist auch, dass E-Bay die Käufer- und Verkäufer-Sicherheit deutlich erhöht hat. Insofern rate ich an dieser Stelle von Käufen über E-Bay keinesfalls grundsätzlich ab. Sie sollten aber auf jeden Fall die unten stehenden Sicherheitstipps beachten. Wenn ich aber die Möglichkeit habe, den begehrten Wertgegenstand bei einem renommierten und mir gut bekannten Händler oder in einem seriösen klassischen Auktionshaus zu erstehen, dann wähle ich diesen Weg. Wie gesagt, wir sprechen hier von teuren Sachwerten und nicht von billigen Gegenständen des täglichen Bedarfs, die man ohne größere Bedenken auch bei E-Bay erstehen kann.

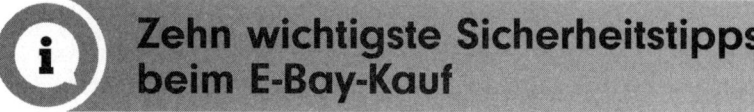

Zehn wichtigste Sicherheitstipps beim E-Bay-Kauf

1. Vorsicht, wenn sich der Anbieter hinter einem Fantasienamen versteckt. Gewerbliche Anbieter sollten schon zu erkennen geben, wer hinter dem Angebot steht (zum Beispiel *www.juwelier-XYZ.de*), um dem Interessenten die Möglichkeit zu geben, die Seriosität des E-Bay-Mitglieds zu recherchieren.

2. Viele gute Noten im Bewertungsprofil des Verkäufers sagen noch nicht viel aus. Achten Sie darauf, für welche Verkäufe er hohe Bewertungen erhalten hat. Es sollte sich überwiegend um Artikel handeln, die dem von Ihnen Gewünschten ähneln (auch in der Preiskategorie). Anders ausgedrückt: Wer nur für Billigramsch für 1 Euro gute Noten bekommen hat, ist nicht unbedingt ein seriöser Rolex-Verkäufer.

3. Seien Sie vorsichtig, wenn der Verkäufer vor allem in den zurückliegenden Wochen und Monaten negative Bewertungen erhalten hat.

4. Wenn möglich, zahlen Sie mit PayPal (entweder per Lastschrift oder Kreditkarte). Ihr Vorteil: Sie sind über den E-Bay-Käuferschutz abgesichert.

5. Senden Sie niemals Geld über Western Union, MoneyGram oder andere Bargeldtransfer-Services.

6. Leisten Sie niemals Anzahlungen, auch wenn Sie der Anbieter dazu auffordert, um einen bestimmten Artikel zu »reservieren«. In diesem Fall

Versichert versenden

Nehmen wir an, Sie haben alles richtig gemacht. Sie haben bei E-Bay einen kostbaren Gegenstand mit Wertsteigerungspotenzial gekauft. Der Preis ist fair und der Verkäufer erweist sich als seriöser Kaufmann. Sie überweisen den Kaufpreis sofort – und der Verkäufer bestätigt den Eingang des Geldes. Nun geht es darum, Ihnen die Ware sicher und mit der gebotenen Sorgfalt zustellen zu lassen. Und weil eben immer mal etwas passieren kann, muss die Sendung natürlich ausreichend versichert sein. Sollten Sie die Ware von einem gewerblichen Verkäu-

haben Sie es mit sehr hoher Wahrscheinlichkeit mit einem Betrüger zu tun. Und ihre »Anzahlung« bekommen Sie niemals zurück.

7. Vorsicht, wenn hochwertige Markenware sehr billig angeboten wird. Sie bekommen keinen 100-Gramm-Barren reines Gold für 500 Euro. Unmöglich! Finger weg, es handelt sich um eine Fälschung, denn niemand hat etwas zu verschenken.

8. Seien Sie skeptisch, wenn eine Artikelbeschreibung klingt, als ob Sie von einer Übersetzung automatisch ins Deutsche übertragen worden wäre.

9. Manche Käufer möchten die ersteigerte Ware persönlich abholen. Das hat zwar den Vorteil, dass man vor Ort prüfen kann, ob die Artikel echt und in dem beschriebenen Zustand sind. Außerdem ist es immer ein schlechtes Zeichen, wenn der Verkäufer die persönliche Übergabe kategorisch ausschließt. Aber auch Sie als Käufer gehen ein erhöhtes Risiko ein, zumal, wenn Sie einen wertvollen Artikel erstehen und eine entsprechend hohe Summe an Bargeld dabeihaben (Lesen Sie hierzu bitte auch den Abschnitt »Vorsicht beim Kauf von privat«).

10. Beachten Sie, dass bei Einkäufen in Ländern außerhalb der EU noch Einfuhrumsatzsteuer und Zollgebühren anfallen, was den Bruttopreis des Artikels erheblich verteuert.

fer ersteigert haben, so trägt dieser das Versandrisiko, und zwar unabhängig von der gewählten Versandmethode.

Ebenfalls wichtig zu wissen: Sichert der Verkäufer den »versicherten Versand« zu, dann ist er verpflichtet sicherzustellen, dass die Ware bei der gewählten Versandart auch tatsächlich vom Versicherungsschutz beziehungsweise der Haftung des Transportdienstleisters erfasst wird. Das hat das Landgericht Coburg bereits in seinem Urteil vom 12. Dezember 2008 entschieden (Az. 32 S 69/08 –rk).

Im konkreten Fall hatte ein Käufer im Internet Goldbarren mit einem Gewicht von 250 Gramm erworben. Der damalige Preis lag bei 3850 Euro. Vereinbarungsgemäß überwies der Käufer diesen Betrag vorab auf das Konto des Verkäufers. Als das Paket wenige Tage später beim Käufer eintraf, traute dieser seinen Augen nicht: Von Goldbarren keine Spur. Das Paket enthielt nur zerknülltes Papier. Sofort reklamierte der aufgebrachte Kunde beim Verkäufer und verlangte das überwiesene Geld zurück. Dieser lehnte die Rückzahlung ab und verwies auf die Transportversicherung. Die aber teilte mit, dass der Versand von Goldbarren grundsätzlich nicht versichert sei. Die Richter gaben dem Erwerber der verschwundenen Goldbarren recht; der Verkäufer musste den vollen Kaufpreis erstatten. Die Begründung: Wenn der Verkäufer (auch bei E-Bay-Transaktionen) explizit einen versicherten Versand verspricht, so muss er sich auch vergewissern, dass der Inhalt des Pakets versichert und nicht von der Versicherungsleistung ausgeschlossen ist. Die Verantwortung des Verkäufers endet also nicht mit der Übergabe des Pakets an den Logistik-Dienstleister.

Noch mal gut gegangen für den Goldbarren-Käufer. Um aber spätere Streitereien oder sogar eine Auseinandersetzung vor Gericht zu verhindern, sollten Sie auch als Käufer von wertvoller Ware wissen, dass für deren Versand bei den bekannten Logistikunternehmen (DHL, Hermes, UPS, DPD usw.) unterschiedliche Regelungen und Höchstgrenzen gelten. Ein DHL-Paket ist standardmäßig bis zu einem Betrag von 500 Euro versichert. Vorsicht: Liegt der Wert des Paketinhalts deutlich über diesem Betrag, so kann das Logistikunternehmen sogar jedwede Zahlung verweigern. Sie bekommen wegen eines Verstoßes gegen die AGB also nicht einmal 500 Euro ausgezahlt. Außerdem müssen Sie den Wert des Inhalts nachweisen können (Kaufquittungen usw.). Des Weiteren sollten Sie das Paket nach Möglichkeit in Anwesenheit eines Zeugen verpacken und den Inhalt zusammen mit einer aktuellen Tageszeitung fotografieren. So sind Sie auf der sicheren Seite, falls es bei einem Verlust des Pakets oder des Inhalts zu Streit um die Höhe der Entschädigung kommt.

Nahezu alle Paketdienste unterscheiden zwischen »Valoren der Klasse I« und »Valoren der Klasse II«. Zu den Valoren der Klasse I zählen zum Beispiel Tablets, Smartphones, Fotokameras und bestimmte Luxusprodukte. Für diese Klasse kann eine höhere Versicherungssumme vereinbart werden. Valoren der Klasse II sind zum Beispiel Edelsteine, Edelmetalle, Schmuck, Briefmarken, aber auch Bargeld. Eine Erhöhung der Versicherungssumme ist in dieser Klasse bei DHL nicht möglich; das heißt, sie bleibt auf 500 Euro beschränkt. Was wiederum bedeutet, dass zum Beispiel hochwertige Uhren nicht versichert sind.

Die entsprechende Regelung ist bei fast allen führenden Logistikunternehmen ähnlich. Die Versicherungsobergrenze zum Beispiel für Uhren liegt bei GLS bei 750 Euro, bei DPD bei 520 Euro, bei Hermes bei 500 Euro und bei UPS bei 500 US-Dollar. Da – wie erwähnt – auch Edelmetalle, Briefmarken, Edelsteine usw. als Valoren der Klasse II gelten, kann deren Versand ebenfalls nicht versichert werden, sofern deren Wert die Limits überschreitet.

Was bedeutet das konkret? Es bedeutet, wenn Sie im Internet zum Beispiel Goldmünzen kaufen und der Verkäufer sichert Ihnen einen »versicherten Versand« zu, dann besteht tatsächlich kein Versicherungsschutz, sofern der Wert der Münzen über den Limitbeträgen (bei DHL also 500 Euro) liegt. Ich empfehle Ihnen somit dringend, mit dem Verkäufer den Versand der Ware mit Wertkurier zu vereinbaren. Das kostet zwar etwas mehr als bei DHL & Co., gibt Ihnen aber das Gefühl, auf der sicheren Seite zu sein.

Zu den bekanntesten Wertelogistikern, mit denen auch Juweliere, Edelmetallhändler und andere Verkäufer von hochwertiger Ware zusammenarbeiten, gehören zum Beispiel der INTEX Paketdienst, Galle Werttransporte und Wertkurier. Auch GO! (General Overnight) bietet zusätzliche Serviceleistungen für den sicheren Transport von Wertgut an.

Fazit: Wenn Sie im Internet hochwertige Ware kaufen, fragen Sie den Verkäufer, wie und mit wem er das kostbare Gut versendet. Sollte sich auf der betreffenden E-Bay-Angebotsseite kein Hinweis finden, schreiben Sie dem Verkäufer eine kurze E-Mail und bitten Sie um Auskunft. Edelmetalle, Edelsteine, teurer Schmuck, Briefmarkensammlungen von hohem Wert, Münzen usw. sollten, sofern deren Wert 500 Euro überschreitet, unbedingt mit einem zuverlässigen Wertelogistiker verschickt werden. Übernehmen Sie gegebenenfalls die Mehrkosten, die geringer sind als viele denken. Weigert sich der Anbieter – aus welchen Gründen auch immer –, empfehle ich Ihnen, auf die Transaktion zu verzichten.

Kaufen von privat

Gestatten Sie, dass ich mit einer kurzen Geschichte beginne. Max L., ein langjähriger Freund und Kollege von mir, sammelt seit vielen Jahren Armbanduhren. Inzwischen hat er einen beträchtlichen Teil seines Vermögens in Luxusticker investiert. Seine gebrauchten Preziosen kauft er oft von privat. Zum einen, um die Umsatzsteuer zu sparen, die in Form der Differenzbesteuerung beim Kauf von gewerblichen Anbietern anfallen würde. Zum anderen hat er auf diese Weise schon viele begeisterte Sammler getroffen. Mit manchen von ihnen hält er immer noch Kontakt. Man tauscht sich aus, fachsimpelt ein wenig und gibt sich wertvolle Tipps und Hinweise. Dass er mitunter weite Strecken zurücklegen muss, um die Ware persönlich abzuholen, bedeutet für ihn, das Angenehme mit dem Nützlichen zu verbinden. Er liebt es, mit dem Zug durch Deutschland zu fahren und nach einer erfolgreichen Transaktion im Zugrestaurant ein Glas Wein zu genießen.

Doch plötzlich war Schluss. Nicht, dass Max L. nicht mehr an Uhren interessiert gewesen wäre. Nein, er kaufte weiterhin interessante Stücke, aber nur noch bei renommierten Händlern. Ich fragte ihn überrascht nach seinen Beweggründen. »Ich war all die Jahre viel zu arglos«, antwortete er. »Jetzt erst wurde ich mir bewusst, welcher Gefahr ich mich aussetzte. Ich reiste mit ziemlich viel Geld quer durch Deutschland und suchte Menschen auf, die ich nicht kannte. Ich habe nie daran gedacht, dass da auch mal jemand Böses im Schilde hätte führen können. Und all die Leute, denen ich Uhren abgekauft habe, verfügen nun über meine Adresse. Sie wissen, dass ich Sammler bin und bei mir etwas zu holen ist. Gott sei Dank traf ich nur auf seriöse Menschen. Trotzdem: Ich kaufe jetzt nur noch bei anerkannten Händlern. Und die meisten meiner Uhren liegen inzwischen sicher in zwei Wertschließfächern. Eines bei meiner Bank und eines bei einem privaten Anbieter. Man weiß ja nie.«

Genau das ist der Punkt: Man weiß ja nie. Wenn Sie Goldbarren, Meißner Porzellan, Uhren, Schmuck oder andere Sachwerte von einem guten Freund kaufen, den Sie schon lange kennen und mit dem Sie vielleicht eine gemeinsame Sammelleidenschaft teilen, so ist eine belastbare Vertrauensgrundlage vorhanden. Wenn Sie aber mit viel Geld in der Brieftasche einen ihnen bis dahin privaten Verkäufer besuchen, gehen Sie ein gewisses Risiko ein. Mein Kollege Max L. hatte – wie erwähnt – immer Glück und musste gottlob nie schlechte oder sogar gefährliche Erfahrungen machen. Aber das hätte auch ganz anders kommen können. Hier vier Praxistipps, wie Sie diese Risiken minimieren:

1. Versuchen Sie, so viele Informationen wie möglich über den privaten Verkäufer zu bekommen. Mitunter hilft hier schon eine Google-Recherche. Telefonieren Sie vorab mit dem Verkäufer und vereinbaren Sie das Prozedere.
2. Schauen Sie sich auf Google Maps an, wo der Verkäufer wohnt. Das hat nichts mit subtiler Diskriminierung zu tun. Aber wenn ein privater Anbieter von Diamanten in einem sozialen Brennpunkt wohnt, gibt einem das schon zu denken …
3. Bestimmen Sie den Treffpunkt und akzeptieren Sie keine obskuren Vorschläge des Verkäufers (Warenübergabe auf einem Autobahnrastplatz o. Ä.). Treffen Sie sich zum Beispiel in einem Café oder einer anderen Location, damit sie mit dem Verkäufer nicht allein sind. Seien Sie nach Möglichkeit etwas früher am vereinbarten Zeitraum; beobachten Sie die Umgebung und die

Menschen. Fühlen Sie sich beobachtet? Kommt Ihnen irgendetwas verdächtig vor? Dann sagen Sie das Treffen per Handy ab, oder aber Sie vereinbaren einen anderen Treffpunkt.

4. Lassen Sie sich nach Möglichkeit von einer Person Ihres Vertrauens begleiten.

Wann immer Sie auch schon im Vorfeld des Treffens ein mulmiges Gefühl haben – sagen Sie die Transaktion ab. Kein vermeintliches Schnäppchen lohnt es, dass Sie sich in Gefahr begeben. Ich möchte an dieser Stelle keine Paranoia heraufbeschwören, doch wenn Sie hochwertige Waren kaufen, sind Sicherheit und Vertrauen unverzichtbar.

Bedenken Sie ferner, dass Sie bei einem Kauf von privat in der Regel kein Rückgaberecht und keine Gewährleistung haben. Letzteres ist vor allem bei Uhren wichtig. Kaufen Sie bei einem Händler, profitieren Sie auch bei gebrauchten Zeitmessern von einer Mindestgarantie von 12 Monaten; manche Händler im Internet (dazu gleich mehr) räumen Ihnen sogar eine 24-monatige Garantie und ein 14-tägiges Rückgaberecht ein. Doch bedenken Sie: Eine Garantie ist nur so viel wert wie die Solidität des Garantiegebers.

Fazit: Seien Sie äußerst vorsichtig bei Käufen von privat, sofern Sie den Verkäufer nicht gut kennen. Doch selbst dann heißt es vorsichtig sein. Denn bei Geld hört bekanntlich die Freundschaft auf.

Kaufen beim Fachhändler (stationär oder online)

Natürlich gibt es nicht nur unter privaten Verkäufern »schwarze Schafe«, auch im Internet tummeln sich viele Betrüger, die zum Teil als gewerbsmäßige Händler auftreten. Nicht wenige allzu arglose Kunden sind schon auf sogenannte Fakeshops (also »Schwindelläden«) im Internet hereingefallen. Diese bieten Waren (zum Beispiel Gold- und Silbermünzen) zu günstigen Konditionen an. Die Ware muss dann per Vorkasse bezahlt werden; geliefert wird sie allerdings nicht – oder nicht in der vereinbarten Qualität. Da die Betrüger nur für eine kurze Zeitspanne im Internet aktiv sind, können deren Straftaten selten verfolgt und die Täter zur Rechenschaft gezogen werden. Für den Kunden bedeutet das meist den Totalverlust des überwiesenen Kaufpreises. Vertrauen Sie auch nicht auf viele gute Bewertungen von zufriedenen Kunden. Denn manche Fakeshops arbeiten anfangs bewusst seriös, um sich eine »saubere Legende« aufzubauen. Erst im zweiten Schritt entfalten die Fakeshops-Betreiber dann ihre kriminelle Energie und betrügen ihre gutgläubigen Kunden in großem Umfang. Oft sind auf den Internetseiten der Fakeshops Fehler zu finden, wie etwa auffallend viele Rechtschreib- und Grammatikfehler, ein fehlendes oder unvollständiges Impressum oder fehlerhafte Allgemeine Geschäftsbedingungen (AGB). Auch die Kontaktmöglichkeiten sind meist eingeschränkt. Doch auch in dieser Hinsicht haben die Betrüger hinzugelernt und lassen zum Beispiel ihre Texte von Profis korrigieren, um einen seriösen Eindruck zu hinterlassen. Mitunter werden sogar Vertrauenssiegel missbraucht, die einen seriösen Händler vorgaukeln sollen.

Wenn Sie in Edelmetalle investieren und nicht den Weg über Ihre Hausbank gehen möchten, dann haben Sie die Wahl unter einigen großen, zuverlässigen und seriösen Anbietern, die mit Onlineshops, aber auch mit Niederlassungen in vielen deutschen und ausländischen Städten vertreten sind. Erwähnt seien in diesem Zusammenhang die Degussa Sonne/Mond Goldhandel GmbH, pro aurum, Heubach Edelmetalle, Kettner-Edelmetalle, Engel Regensburg und ESG-Edelmetalle. Bei diesen Unternehmen habe ich in den vergangenen Jahren häufiger Edelmetalle sowohl ge- als auch verkauft. Die Transaktionen verliefen immer schnell, seriös und vertrauenswürdig. Trotzdem handelt es sich hierbei nur um wenige Beispiele. Tatsächlich gibt es sehr viel mehr seriöse Edelmetallhändler – vielleicht sogar ganz in Ihrer Nähe. Ich empfehle Ihnen die Internetseite *https://www.gold.de/haendler/*. Dort finden Sie eine Auflistung vertrauenswürdiger Edelmetallhändler.

Auch für Numismatiker sind viele Edelmetallhändler eine erste Adresse. Sowohl Degussa als auch pro aurum unterhalten numismatische Segmente, die sich eher an Sammler denn an Investoren richten. Ansonsten finden Sie in beinahe jeder größeren oder mittelgroßen Stadt seriöse Münzfachhändler. Das Mitgliederverzeichnis des Berufsverbands des Deutschen Münzenfachhandels können Sie kostenlos downloaden unter *www.muenzenverband.de*.

Wer sein Geld lieber in seltene Briefmarken investiert, kann ebenfalls unter zahlreichen Fachhändlern wählen. Alle Mitglieder des Allgemeinen Postwertzeichen-Händlerverbandes finden Sie unter dieser Internetadresse: *https://aphv.de/mitgliederverzeichnis/*.

Wichtige und aktuelle Informationen erhalten Sie ferner beim Bund Deutscher Philatelisten (*www.bdph.de*).

Die sich äußerst dynamisch entwickelnde Nachfrage nach Luxusuhren ließ in den vergangenen Jahren einen recht professionellen und seriösen Sekundärmarkt entstehen, also ein Marktsegment, wo entweder gebrauchte oder neue, ungetragene Luxusuhren außerhalb der Konzessionäre angeboten werden.

Da es bekanntlich kaum wertvolle Uhren Schweizer und Glashütter Provenienz gibt, von denen keine, zum Teil sehr raffinierte Fälschungen existieren, spricht viel dafür, Luxusuhren beim Juwelier zu kaufen, der Konzessionär der betreffenden Marke ist. Vor allem Einsteiger bedürfen beim Kauf solch teurer Zeitmesser einer intensiven Beratung, die Onlinehändler oft nicht bieten können. Stammkunden bei einem Juwelier genießen zusätzliche Vorteile. Sie erhalten limitierte und stark nachgefragte Modelle, auf die andere Kunden monatelang warten müssen, vergleichsweise schnell – und zwar zum Listenpreis des jeweiligen Herstellers. Händler auf dem Sekundärmarkt beschaffen Ihnen die begehrte Uhr vielleicht ebenfalls relativ zügig, dafür zahlen Sie aber oft einen erheblichen Aufpreis. Außerdem trägt es zur Werthaltigkeit einer Luxusuhr bei, wenn die Papiere für das gute Stück von einem offiziellen Konzessionär ausgefüllt wurden. Vorsicht, wenn Uhren mit »Blanko-Papieren« angeboten werden (also unausgefüllten Garantieurkunden, Zertifikaten usw.). In diesen Fällen büßt der Zeitmesser deutlich an Wert ein.

Zur ganzen Wahrheit gehört jedoch auch, dass in den vergangenen Jahren zahlreiche angesehene Sekundärmarkt-Händler auf den Markt gekommen sind, die ihre Uhren meist über das Internet, teilweise aber auch in stationären Niederlassungen verkaufen. Zu den Pionieren gehörten zum Beispiel Uhren Miquel in Teuschnitz, Juwelier Ralf Haeffner in Stuttgart sowie Gregory van Houten in Augsburg. Hinzu kommen Handelsplattformen wie Chronext in Köln und Uhrinstinkt in der Nähe von Nürnberg. Chronext expandierte in den vergangenen Jahren so stark, dass inzwischen sogar ein Börsengang geplant ist.

Und falls Sie ein Faible für historische Wertpapiere haben, so können Sie auch diese im (Online-)Fachhandel erwerben. Realistisches Wertsteigerungspotenzial weisen jedoch nur effektive Stücke auf, die aktuell für mittlere dreistellige Summen im Angebot sind. Diese bekommen Sie meist über Auktionshäuser. Interessante Onlineadressen für Sammler historischer Aktien sind zum Beispiel Benecke & Rehse Wertpapierantiquariat in Wolfenbütten und *Sammleraktien-online.de* (Joachim Hahn) in Rottenburg.

4.
Sachwerte sicher aufbewahren

Eine besondere Herausforderung bei einer Investition in Sachwerte stellt deren sichere Aufbewahrung dar. Eine Aktie ist zum Beispiel sicher in Ihrem Depot eingebucht, und das Guthaben auf Ihrem Tagesgeldkonto kann Ihnen auch niemand stehlen, sofern Sie beim Onlinebanking die unverzichtbaren Sicherheitsempfehlungen beachten. Aber einen Goldbarren wird wohl niemand einfach auf seinem Schreibtisch liegen lassen. Gleiches gilt für wertvolle Uhren, Bargeld oder Münz- und Briefmarkensammlungen. Es gibt mehrere Möglichkeiten, teure Sachwerte vor Diebstahl und vor Schäden, zum Beispiel durch Feuer, zu schützen. Beginnen wir mit der naheliegendsten Lösung: Sie kaufen sich einen Tresor.

So wählen Sie Ihren passenden Tresor aus

Angebliche »Tresore« oder Wertaufbewahrungskassetten bekommen Sie bereits für wenig Geld im Baumarkt oder im Internet. Solche Behältnisse schützen vielleicht ein wenig vor Feuerschäden (wenn überhaupt), aber selbstverständlich nicht vor Diebstahl. Sie gaukeln Ihnen eine falsche Sicherheit vor – und das ist gefährlich. »Blechdosen«, wie Sicherheitsexperten diese Billigtresore nennen, bekommt man schon für einen mittleren zweistelligen Betrag. So mancher Käufer ist dann allerdings wohl entsetzt, wenn er etwa in Tests sieht, wie schnell sich diese vermeintlichen Wertbehältnisse öffnen lassen. Mitunter genügt schon ein kräftiger Schlag mit der Faust auf den Billigtresor. Dadurch wird der kleine Metallstab, der im Inneren des Tresors als Anker dient, beschleunigt. Wenn ein Einbrecher dann im richtigen Moment am Griff dreht, hat er das vermeintlich sichere Wertbehältnis bereits geöffnet. Manche dieser »Blechdosen« lassen sich sogar mit einer größeren Büroklammer öffnen – und das ist kein Scherz. Der Draht der Klammer lässt sich bei vielen Modellen einfach in das Innere des Tresors einführen; mit ein wenig »Fummelarbeit« sucht man den oft ungeschützten Resetknopf, betätigt ihn, gibt einen neuen Sicherheitscode ein – und schon ist der kleine Tresor geöffnet. In diesem Fall ist er nicht einmal beschädigt. Und das kann fatale Folgen haben. Weist ein Tresor nämlich keine Beschädigungen auf, die zum Beispiel auf eine gewaltsame Öffnung schließen lassen, wird sich die Versicherung weigern, den Schaden zu ersetzen.

Möbeltresore, wie man sie zum Beispiel auch aus Hotelzimmern kennt, stellen für viele Mieter oft die einzige Möglichkeit dar, ihre Wertgegenstände zu schützen. Denn längst nicht jeder Vermieter dürfte damit einverstanden sein, einen schweren Tresor in seiner Immobilie verankern zu lassen. Möbeltresore gibt es in verschiedenen Preiskategorien. Die qualitativ hochwertigen Modelle, für deren Anschaffung Sie allerdings schon mit ein paar hundert Euro rechnen sollten, bieten einen besseren Schutz als die erwähnten »Billigdosen« aus dem Baumarkt. Vorausgesetzt natürlich, der Möbeltresor wurde fachmännisch installiert. In diesem Fall kann ein Möbeltresor ein recht sicherer Aufbewahrungsort für Bargeld und Wertgegenstände sein. Beim Kauf eines solchen Tresors sollten Sie auf die Wand- und Türstärke achten, ebenso auf eine feuerfeste oder feuersichere Beschaffenheit. Schließlich sollen ja Ihr Bargeld und Ihre Preziosen im Fall der Fälle nicht in Flammen aufgehen.

Wichtig ist, dass der Tresor sehr stabil mit der Wand oder dem Boden des Schranks verankert wird. Machen Sie es einem Einbrecher so schwer wie möglich. Und denken Sie immer daran: Was ein Einbrecher niemals hat, ist Zeit. Für ihn muss es schnell gehen, um nicht erwischt zu werden. Kann er den Tresor nicht öffnen, wird er versuchen, ihn mitzunehmen und irgendwo unbeobachtet zu öffnen. Ist der Tresor nur unzureichend mit dem betreffenden Möbelstück verankert, kann der Einbrecher schnell das Wertbehältnis gewaltsam entfernen und das Weite suchen.

Darüber hinaus gilt es, auf die Sicherheitsstufe des Tresors zu achten. Es gibt die Klassen 0 bis 6, wobei ein Möbeltresor der Klasse 0 die schwächste, das Modell der Klasse 6 die stärkste Einstufung aufweist. Die Einstufungen erfolgen durch den Verband der Sachversicherer e. V. (VdS). Dessen Urteile gelten nicht nur als besonders aussagekräftig, vielmehr werden die VdS-Urteile auch von den Versicherungen als Richtwerte herangezogen. Wichtige Kriterien für die Einstufung eines Möbeltresors sind die Wand- und Türstärke des betreffenden Modells sowie die Qualität des Schlosses. Es liegt auf der Hand, dass ein Möbeltresor mit 5 Millimeter Materialstärke besseren Schutz bietet als ein billigeres Modell mit nur 2 Millimetern. Normalerweise sind Möbeltresore der Klassen 1 oder 2 ausreichend; denn wenn Sie über besonders teure Sachwerte verfügen, raten wir ohnehin, ein Bankschließfach oder ein Wertschließfach eines anerkannten privaten Anbieters anzumieten. Dazu später mehr.

Beim Kauf eines Möbeltresors haben Sie die Wahl zwischen konventionellen Modellen mit Schlüsseln und solchen mit Zahlenschloss. Das ist letztlich eine Frage der persönlichen Vorlieben (ich persönlich bevorzuge Schlüssel, weil ich in diesem Fall keine Batterien austauschen muss, was bei Zahlenschloss-Möbelsafes von Zeit zu Zeit nicht zu vermeiden ist). Außerdem müssen Sie sich bei einem Schlüsseltresor keinen Zahlencode merken, was in einer Zeit, da wir uns PINs in einer solchen Menge einprägen müssen, als gelte es, sich einem neurologischen Test zu unterziehen, schon ein Vorteil ist. Allerdings weist ein Schlüsseltresor auch Nachteile auf. So kann der Schlüssel verloren gehen. Ist auch der Zweitschlüssel nicht auffindbar, haben Sie ein Problem. Doch keine Panik! Unternehmen, die Tresor-Notöffnungen anbieten, gibt es mittlerweile fast in jeder Stadt (darunter leider auch manche »schwarze Schafe«, die Wucherpreise verlangen; also besser vorher nach den Kosten für Anfahrt, Öffnung usw. fragen). Zahlenschlosstresore allerdings haben den Vorteil, dass sie keine Öffnung zum Einsatz eines Dietrichs haben.

Viele Besitzer von Zahlenschlosstresoren fragen sich mitunter, was passiert, wenn die Batterien nicht rechtzeitig ausgetauscht und entsprechende Warnhinweise übersehen wurden. Die beruhigende Nachricht: In vielen Fällen lässt sich auch eine Batterie von außen anschließen. Dazu löst man das Zifferblatt vorsichtig mit einem Schraubenzieher oder einem stumpfen Messer und zieht es heraus. Liegen zwei Kontakte frei, lässt sich hieran eine 9-Volt-Blockbatterie anschließen – und schon können Sie wieder ihren Code eingeben und den Tresor öffnen (eine detaillierte Anleitung finden Sie auf der Homepage der Firma Bremer Tresor GmbH – *https://www.bremertresor.de/tresor-offnen-wenn-die-batterie-leer-ist*).

Im Jahr 2021 veröffentlichte *Computerbild* einen Test von Möbeltresoren.[21] Ohne Gewähr und ohne Anspruch auf Vollständigkeit möchte ich Ihnen an dieser Stelle die Modelle mit den Qualitätsurteilen »sehr gut« und »gut« vorstellen. Als Testsieger führt Computerbild den

Burg-Wächter Möbeltresor CL 420 E auf (»sehr gut«), für den man im Jahr 2021 ungefähr 500 Euro zahlen musste. Ebenfalls vom Hersteller Burg-Wächter kommt der günstigere Möbeltresor H1 (gleichermaßen mit »sehr gut« bewertet). Mit »gut« bewertet wurden die Möbeltresore von Deuba, der MS-Point BITUXX® Safe 11389, der Amazon Basics 25EI, der Amazon Basics 42SAM sowie die Modelle 4612112 und 49200-11 von HMF. Das heißt, Sie bekommen einen guten Möbeltresor durchaus schon für etwas mehr als 40 Euro.

Aber natürlich reicht ein solcher Möbeltresor in vielen Fällen nicht aus. Gefragt sind dann Wandtresore, die entweder fest im Mauerwerk verankert sind oder aber in die Wand »versenkt« werden. Im letztgenannten Fall müsste also die Wand aufgestemmt werden. Daher eignet sich diese Lösung vor allem bei Neubauten, bei denen der Tresoreinbau gleich bei der Planung berücksichtigt werden kann. Später ist eher eine feste Verankerung im Mauerwerk zu empfehlen. Geeignet dafür sind Massivbauwände, also keine Montagewände mit Gipsplatten.

Nun bringen solche großen Stand- und Wandtresore schon einmal stattliche Gewichte auf die Waage. 500 oder gar 1000 Kilogramm sind keine Seltenheit. Und da erscheint es im ersten Moment nur logisch, wenn man sich fragt: Warum soll ich diesen Tresor verankern? Kein Einbrecher verfügt über so viel Muskelkraft, um einen 1000-Kilogramm-Tresor aus dem Haus zu tragen. Doch unterschätzen Sie die Profis unter den Einbrechern nicht. Sie bringen Matten und Rollen mit, manche versuchen auch mit Schmierseife, den schweren Tresor in die gewünschte Richtung zu bewegen. Daher gilt generell die Empfehlung, Tresore mit einem Gewicht von unter 1000 Kilogramm in jedem Fall fachmännisch mit dem Boden oder der Wand zu verankern – sonst könnte es bei einem Einbruch zu Problemen mit der Versicherung kommen.

Auch für die großen und besonders schweren Tresore gelten die bereits erwähnten Widerstandsgrade aufgrund der Prüfungen durch die VdS-Schadenverhütung. Dabei gilt: Je höher die Sicherheitsstufe, desto höher der Versicherungsschutz im Schadensfall. Bedenken Sie auch, dass im Laufe der Jahre eventuell noch weitere Wertgegenstände hinzukommen oder aber Ihre Sammlung an Wert deutlich gewinnt. Dann reicht der mit der Sicherheitsstufe Ihres Tresors korrelierte Versicherungsschutz vielleicht nicht mehr aus. Wenn Sie sich einen widerstandsfähigen Tresor kaufen, dann achten Sie unbedingt darauf, dass dieser nach EN 1143-1 geprüft und zertifiziert ist und mindestens den Widerstandsgrad WG 0 besitzt. Die erwähnte Prüfplakette wird entweder von VdS, RAL oder ECB-S vergeben.

Tipp: Wenn der Tresor mit einer Einbruchmeldeanlage (EMA) verbunden wird, lässt sich die Versicherungssumme in der Regel zusätzlich erhöhen.

Werfen wir schließlich noch einen Blick auf die Schlosssysteme von Stand- oder Wandtresoren. Die meisten dieser Produkte sind mit einem Doppelbartsicherheitsschloss mit zwei Schlüsseln ausgestattet. Vorteil: Sie brauchen sich keinen Code zu merken. Außerdem kann wirklich nur jemand den Tresor öffnen, der über beide Schlüssel verfügt. Bei Zahlenschlössern hingegen kann man nie sicher sein, dass der Code nicht an unbefugte Dritte weitergegeben wird. Allerdings weisen die Schlüssel für ein Doppelbartsicherheitsschloss eine beachtliche Länge von rund 12 Zentimetern auf. Zu viel, um sie am Schlüsselbund zu befestigen.

Die sogenannten Zahlenkombinationsschlösser öffnen Sie mit einem vier- bis achtstelligen Zahlencode. Dieser Code lässt sich jederzeit ändern. Zu unterscheiden sind mechanische von elektronischen Zahlenkombinationsschlössern. Bei einem mechanischen Zahlenkombinationsschloss müssen Zahlenscheiben in der richtigen Reihenfolge und exakt auf den richtigen Code eingestellt werden. Vorteil: Diese Lösung funktioniert ohne Batterie. Ein elektronisches Zahlenkombinationsschloss hingegen wird über ein Tastenfeld bedient, vergleichbar mit einem Handy. In der Regel lassen sich Codes für mehr als zwei Benutzer programmieren. Mittlerweile gibt es sogar Tresore mit biometrischen Fingerprint-Verschlusssystemen mit VdS-Zertifizierung. Dabei wird das elektronische Hochsicherheitsschloss mit nur einem Finger geöffnet, der über einen Fingerscanner gezogen wird.

Ganz gleich, für welchen Tresor Sie sich entscheiden, für den Fall der Fälle sollten Sie nachweisen können, was Sie darin aufbewahren (das gilt übrigens gleichermaßen für die Aufbewahrung in Bankschließfächern oder Wertschließfächern von bankenunabhängigen Anbietern). Das heißt im Klartext: Sie sollten eine Wertgegenstandsliste anlegen. Tragen Sie in diese Liste die wichtigsten Daten der jeweiligen Gegenstände ein, also zum Beispiel Bezeichnung, Hersteller/Marke/Modell, Registriernummer, individuelle Merkmale, Kaufdatum, Neuwert (sofern vorhanden mit Rechnung). Ratsam ist es darüber hinaus, digitale Fotos von den Gegenständen anzufertigen. Das Ganze aber bitte nicht auf der Festplatte Ihres Computers speichern oder gar ausdrucken. Speichern Sie die Daten am besten auf einem verschlüsselten USB-Stick, den Sie an einem anderen sicheren Ort verwahren (natürlich nicht im Tresor!).

Und schließlich noch ein wichtiger Tipp: Fragen Sie bei Ihrem Händler gezielt nach, in welchen Fahrzeugen er den Tresor ausliefert. Es soll ein völlig neutraler Transporter sein, dessen Außenbeschriftung keinen Hinweis darauf liefert, was da gerade transportiert und vor Ihrer Haustür abgeliefert wird. Denn jeder, der darauf aufmerksam wird, weiß genau: Wer sich solch einen Tresor kauft, der muss über beträchtliche Werte verfügen. Und so etwas spricht sich schnell herum.

Fünf Tätertypen, die Sie kennen sollten

Wie zu Beginn dieses Buches erwähnt, ging infolge der Corona-Krise und der damit verbundenen Einschränkungen die Zahl der Wohnungseinbrüche zurück. Es ist freilich nicht davon auszugehen, dass es sich dabei um einen nachhaltigen Trend handelt. Sobald sich die Verhältnisse normalisieren, dürften auch die Wohnungseinbrecher wieder aktiver werden. Zudem gehen diese Täter seit Jahren immer gezielter und leider auch brutaler vor. Der Sicherheitsexperte Adam Merschbacher unterscheidet fünf Tätertypen – vom Gelegenheitstäter, der sofort die Flucht ergreift, sobald er auf Widerstand stößt, bis hin zum absoluten Profi, der ganz genau weiß, welche Beute auf den internationalen Märkten gefragt ist, und der auch vor großer Brutalität nicht zurückschreckt. Hier die fünf Täterprofile, kurz zusammengefasst:[22]

1. **Der Gelegenheitseinbrecher:** Er verfügt in der Regel nur über relativ einfaches Einbruchsmaterial und nutzt den Leichtsinn seiner Opfer. Oft steht er auch unter Alkoholeinfluss. Stoßen diese Einbrecher auf Widerstand, lassen sie oft von ihrer Tat ab und fliehen. Allerdings sollten Sie kein Risiko eingehen. Gerade weil es sich um Dilettanten handelt, kann es zu Kurzschlussreaktionen kommen, wenn sie gestellt werden. Dass die Täter oft betrunken sind, macht sie Sache nicht ungefährlicher.

2. **Der Beschaffungseinbrecher.** Er verübt Einbrüche, um Drogen beschaffen zu können. Sicherheitsexperte Merschbacher warnt: »Der Beschaffungseinbrecher kann durchaus als der am wenigsten berechenbare Täter und deshalb als besonders gefährlich gelten. Dieser Tätertyp sucht in erster Linie Bargeld und leicht veräußerbares Diebesgut, um den täglichen Drogenkonsum finanzieren zu können.« Mit anderen Worten: Er wird zum Beispiel keine Kunstgegenstände stehlen, von denen er keine Ahnung hat und die er nur schwer verkaufen kann. Er sucht nach Bargeld, Goldbarren und -münzen oder Schmuck.

3. **Der Profieinbrecher.** Er kundschaftet das Objekt, in das er einbrechen will, genau aus. Gehen Sie ferner davon aus, dass er Sie und Ihre Familie seit geraumer Zeit beobachtet. Er weiß, wann Sie das Haus verlassen, wann Ihr Mann/Ihre Frau und die Kinder nach Hause kommen. Vielfach suchen die »Profis« ganz gezielt nach bestimmten Wertgegenständen, zum Beispiel

Luxusuhren der Marken Rolex und Patek Philippe. Diese Profieinbrecher kommen oft aus Ost- und Südosteuropa, vor allem
aus Bulgarien, Rumänien und Albanien. Da Staaten wie Bulgarien
und Rumänien der EU angehören, profitieren diese Verbrecher
nicht zuletzt von den offenen Grenzen. Die Profis verfügen darüber
hinaus über professionelles Werkzeug und sind auf bestimmte
Einbruchsmethoden spezialisiert. Mitunter handelt es sich sogar
um ehemalige Mitglieder von einst kommunistischen Geheim-
diensten. Darunter Mitarbeiter des ehemaligen rumänischen Ge-
heimdienstes Securitate. Die Handlanger von einst nutzen heute
ihr Know-how für Einbruchsserien.

4. **Der Edelganove.** In dieser Gruppe finden sich die Spezialisten –
egal, ob es darum geht, einen Tresor zu knacken oder eine Alarmanlage auszutricksen. Sie sind auf der Suche nach besonders
edlen Stücken oder wichtigen Unterlagen. In dieser Kategorie sind
unter anderem auch die »Gemäldediebe« zu finden. Sie genießen
in Ganovenkreisen in etwa dasselbe Image wie besonders be-
gabte Geld- und Gemäldefälscher und inspirieren nicht selten
auch Schriftsteller und Drehbuchautoren.

5. **Der Gewalttäter.** Er handelt entweder allein oder in der Gruppe.
Vor allem ist er unberechenbar. Er schreckt nicht davor zurück,
Gewalt gegen ältere Menschen, Frauen oder sogar Kinder anzu-
wenden. Seine Hemmschwelle zur Gewaltausübung ist sehr
niedrig; auch seine Intelligenz bewegt sich auf niedrigem Niveau.
Er ist sicher der mit Abstand gefährlichste Einbrechertyp, deshalb
sollte man auch keine Gegenwehr leisten oder ihn beschimpfen.
Mit diesen Tätern kann man nicht reden. Sie schrecken nicht davor
zurück, Ihnen für ein paar Euro Beute lebensgefährliche Verletzungen zuzufügen. Auch diese Tätergruppe kommt häufig aus
Ost- und Südosteuropa. Ebenso wie die Profieinbrecher sind auch
die Gewalttäter sehr mobil. Bei grenzüberschreitenden Taten fällt
es der Polizei naturgemäß schwer, diese Verbrecher aufzuspüren
oder die Einbrecherbanden gar zu observieren.

Exkurs: Historische Tresore

Wer etwas besitzt, muss es schützen. Habgier und Neid gehören zwar zu den sieben Todsünden, sind aber bis heute weit verbreitet. Und daran dürfte sich wohl auch nichts ändern. Gier frisst Hirn – diese Erkenntnis wird wahrscheinlich für alle Zeiten gültig bleiben. Ebenso wie die von der politischen Linken immer wieder bediente »Robin-Hood-Ideologie«: Man muss nur den Reichen viel Geld abnehmen und es den Armen geben, dann erreicht man endlich die zwar nie schlüssig definierte, aber ständig herbeifantasierte soziale Gerechtigkeit. Schon vor Jahrtausenden mussten wohlhabende Menschen daher ihre Werte sicher verwahren. Sicher vor gierigen Langfingern, aber auch vor der Feuersbrunst.

Bei den Ägyptern dienten einst kunstvoll hergestellte Truhen aus Holz der Aufbewahrung von Wertgegenständen. In diesen vergleichsweise einfach zu transportierenden Truhen lag der Schmuck des Pharaos, wie ein Fund im ägyptischen Sakkara beweist. Solche Holztruhen waren – eines Pharaos würdig – aufwendig gestaltet. Oft waren die Truhen an sich geradezu Preziosen, die freilich den kostbaren Inhalt kaum gegen Feuer schützen konnten.

Im Mittelalter waren es dann der wohlhabende Adel und der Klerus, die nach sicheren Aufbewahrungsmöglichkeiten für kostbaren Schmuck, Münzen, Reliquien, aber auch für wichtige Dokumente suchten. Die Werttruhen wurden fortan aus dem widerstandsfähigen Eichenholz und aus Eisenbeschlägen gefertigt, wodurch sie einen deutlich höheren Feuerschutz boten. Mehr und mehr wurden diese Tresore (das griechische Wort »Tresor« steht – abgeleitet von »thesauros« – für »Schatzkammer«) zu prunkvollen Möbelstücken. Die Tresore des Jugendstils, Barocks und der Gotik wiesen feinste Ziselierarbeiten auf und waren häufig selbst ein Vermögen wert. Man sagt, für einen solchen Tresor hätte man seinerzeit mehr als das Jahreseinkommen eines Arbeiters bezahlen müssen. Kein Wunder, dass besonders edle Exemplare nun selbst zu wertvollen Sammlerstücken wurden.

Zunehmend stieg gegen Ende des 18. Jahrhunderts die Nachfrage seitens wohlhabender bürgerlicher Zeitgenossen, die ebenfalls Münzen, Schmuck und andere Preziosen schützen wollten. J. Thann erkannte das Potenzial dieses Marktes und hob 1795 in England die erste Geldschrankfabrik aus der Taufe. Er war zwar der Erste – aber nicht lange der Einzige. Denn gerade in der ersten Hälfte des 19. Jahrhunderts wurde in Europa ein Tresorherstellungsunternehmen nach dem anderen gegründet. Im Jahr 1813 kam mit Johann Georg Garny der erste deutsche Hersteller an den Markt (»Franz Garny, Cassenschränke«). Garny, mit Sitz in Frankfurt am Main und später in Mörfelden, stieg seinerzeit rasch zum größten Geldschrank- und Tresorhersteller in Deutschland auf. Im Jahr 1984 wurde das Unternehmen in eine Aktiengesellschaft umgewandelt (siehe Abbildung Garny-Aktie).

In den Jahren danach machten sich in Europa mehr und mehr Schlossermeister als Tresorhersteller selbstständig. Zu den bekanntesten gehörten Franz von Wertheim (Wien), J. Gerlich (Mainz), Fr. Pohlschröder (Dortmund), Lips (Niederlande) und Rosengrens (Schweden). Franz von Wertheim sorgte am 19. Februar 1853 für Aufsehen, als er seine Tresore in Wien öffentlich einer Feuerprobe unterzog. Unter den kritischen Augen von Vertretern der Finanzbehörde, des k. k. Polytechnikums, der k. k. Geniedirektion und mehreren Tausend Zuschauern wurden die »Wertheim Kassen« mehrere Stunden lang einem Holzfeuer ausgesetzt. Nach der erfolgten Öffnung erwies sich der gesamte Inhalt noch als brauchbar.[23]

Seit Tresore hergestellt werden, kommt die Suche nach der größtmöglichen Sicherheit dem Wettlauf von Hase und Igel gleich. Immer wieder ließen sich die Konstrukteure neue Abwehrmechanismen einfallen, doch stets fanden sich ehrgeizige Tresorknacker, die auch diese Herausforderung bestanden. Und so sehr die Geschädigten und die Hersteller von Tresoren die »Tresorknacker« (im Jargon des Kriminellenmilieus oft »Schränker« genannt) auch verfluchten, insgeheim bewunderten sie doch deren Fähigkeit, ständig neue Sicherheitsmaßnah-

Aktie des einstigen deutschen Tresorherstellers Garny aus dem Jahr 1984
Bild: Privatsammlung Michael Brückner

men zu überlisten. Um das Jahr 1880 etwa nutzten Tresor-Einbrecher das Thermitverfahren (Magnesium-Aluminium-Pulvergemisch), um bei ihrer »Arbeit« am Tresor kurzfristig eine Temperatur von über 3000 Grad Celsius zu erzeugen und damit die Eisenplatte zum Schmelzen zu bringen. Die Tresorhersteller entwickelten schneidbrennerfeste Materialien, doch schon verwendeten die Tresorknacker Acetylen-Brennschneideverfahren bei den Einbrüchen.[24]

Manche Tresor-Einbrecher brachten es als »Aristokraten unter den Kriminellen« sogar zu einem gewissen Ansehen, auch wenn sie die längste Zeit ihres Lebens hinter verschlossenen Türen verbrachten. Einer zweifelhaften Reputation erfreuten sich zum Beispiel Adolf Krüger und die Brüder Sass, deren Geschichte sogar verfilmt wurde. Nicht zu vergessen Walt Disneys Panzerknacker, die als Comic-Verbrecherbande in Entenhausen nur ein Ziel kennen: in den Geldspeicher von Dagobert Duck einzudringen und sein Barvermögen zu rauben.

Die Risiken der Aufbewahrung im eigenen Haus/in der eigenen Wohnung

Das mag man sich gar nicht vorstellen: In tiefer Nacht werden Ihre Frau und Sie durch das gleißende Licht von Taschenlampen aus dem Schlaf gerissen. Maskierte Männer stehen in Ihrem Schlafzimmer: »Wo ist Tresor? Wird's bald, oder ich poliere Fresse!«, brüllt einer. Sie sind geschockt, unfähig zu reagieren. Doch schon reißt Sie der laute Schrei Ihrer Frau aus der Paralyse. Sie schauen zu ihr hinüber – und trauen Ihren Augen nicht. Einer der brutalen Einbrecher hat Ihrer Frau ein Messer an die Kehle gesetzt. »Los, Tresor aufmachen, sonst Frau ist tot«, schreit der Komplize in gebrochenem Deutsch.

Ganz ehrlich: In diesem Moment nutzt Ihnen auch der sicherste Tresor nichts mehr. Es geht um nicht mehr und nicht weniger als die körperliche Unversehrtheit und das nackte Überleben. Natürlich werden Sie in solchen Situationen die Tür zu Ihrem Tresor öffnen, um Schlimmeres zu verhindern. Dazu rät im Übrigen auch die Polizei. Denn den Helden zu spielen, um Goldbarren und Bargeld zu retten, kann fatale Folgen haben.

Ein Tresor lässt sich darüber hinaus nicht verstecken; selbst einen kleinen Möbeltresor haben erfahrene Einbrecher schnell gefunden. Und wenn Sie zuvor behauptet haben, keinen Tresor zu besitzen, dann riskieren Sie, dass die oftmals äußerst brutalen Kriminellen sehr aggressiv reagieren. Deshalb hält es so mancher für eine gute Idee, seine Wertsachen und sein Bargeld auf andere Weise in der Wohnung angeblich sicher zu verstecken. Die Deutsche Bundesbank schätzt, dass die Bundesbürger insgesamt bis zu 110 Milliarden Euro (!) in vermeintlich sicheren Verstecken in der eigenen Wohnung verwahren.[25] Ein unglaublicher Leichtsinn, denn ein sicheres Versteck in der Wohnung gibt es nicht. Einbrecher kennen alle Tricks und selbst die kreativsten Ideen zur Verwahrung Ihrer Wertsachen. Sichere Verstecke sind folglich eine Illusion. Einbrecher finden, was sie suchen. Ebenso übrigens auch Steuerfahnder, wobei wir natürlich keinesfalls beide »Suchenden« auf eine Stufe stellen möchten. Das Online-Finanzmagazin *Finanzkun.de* hat – basierend auf Erkenntnissen der Kriminalpolizei – die folgende Liste mit oft verwendeten, jedoch alles andere als sicheren Verstecken für Geld und Wertsachen zusammengestellt:

*   Behälter für Kaffee oder Gebäck sind demnach die am meisten gewählten Verstecke.
*   Es folgen Bücher, abgeschlossene Schubladen, Kopfkissen und Matratzen.
*   Die Rückseiten von Bilderrahmen müssen ebenso oft als Verstecke herhalten wie Kleiderschränke, Vasen oder Blumentöpfe.
*   Nicht wenige Menschen deponieren ihr Bargeld im Gefrierschrank oder Backofen, einige kleben die Geldscheine sogar aufwendig unter den Wohnzimmerteppich.
*   Andere schweißen ihre Geldsummen wasserdicht ein und versenken sie in WC-Spülkästen, sogar der Kamin muss manchmal als Versteck herhalten.[26]

Vor einigen Jahren wurde auf E-Bay und anderen Verkaufsplattformen ein »Ravioli-Dosen-Boom« registriert. Für eine leere Ravioli-Dose mit Originaletikett von Maggi oder einem anderen Hersteller zahlte mancher einen relativ hohen Preis, weil er diese Dose als angeb-

Nicht überall, wo »Ravioli« draufsteht, ist auch Ravioli drin. Manchmal bergen diese Dosen auch einen wertvollen Inhalt. Das wissen Einbrecher längst. »Dosentresore« sind daher rausgeworfenes Geld.
Bild: © Birgit Reitz-Hofmann / Shutterstock.com

lich unauffälligen Tresor nutzen wollte. Das Behältnis ließ sich einfach öffnen und wieder verschließen. Mancher verwahrte darin Goldmünzen, Bargeld und andere Wertgegenstände und deponierte die Dose irgendwo neben anderen Konserven in der Küche. Ohne jemandem zu nahe treten zu wollen: Wer kann im Ernst so naiv sein zu glauben, das sei ein sicheres Versteck? Auch Kriminelle sind im Internet unterwegs und bekommen natürlich mit, wenn solche »Dosentresore« angeboten werden.

Gestatten Sie, dass ich diesen Abschnitt mit einer kleinen Anekdote beende, die mir ein Frankfurter Diamantengroßhändler schon vor Jahren erzählte. Eine ältere Dame hatte einen nicht unbeträchtlichen Geldbetrag in hochwertige Diamanten investiert. Wie an anderer Stelle bereits erwähnt, verdichten diese Edelsteine einen hohen Wert in kleinstem Volumen. Sie deponierte die Diamanten auf einer älteren Schrankwand aus Eiche, deren Breite fast der des Zimmers entsprach. Für die Dame im fortgeschrittenen Alter war es jedes Mal eine halsbrecherische Aktion, auf eine kleine Leiter zu steigen und den Umschlag mit den Diamanten von der Oberfläche ihrer Schrankwand zu holen. Von Zeit zu Zeit tat sie es dennoch, um sich am Feuer ihrer Edelsteine zu erfreuen. Eines Tages geschah ihr dann ein folgenreiches Missgeschick: Sie rutschte auf der Leiter aus, der Umschlag mit dem wertvollen Inhalt glitt ihr aus der Hand, und die Diamanten kullerten hinter die Schrankwand. Wenn es ein sicheres Versteck für die winzigen, aber äußerst wertvollen Edelsteine gab, dann dort. Allerdings hatte auch die Dame keine Möglichkeit, die Diamanten aus dem schmalen Spalt zwischen Wand und Schrank zu holen. Ihren Sohn konnte sie nicht um Hilfe bitten, denn der arbeitete in den USA, und ihr Mann war schon vor vielen Jahren gestorben. Die Nachbarn oder einen Schreiner wollte sie nicht hinzuziehen, schließlich sollte keiner wissen, über welches Vermögen die nach außen immer sehr bescheiden, fast schon geizig auftretende Frau verfügte. Also informierte sie den Diamantenhändler, der wenige Tage später mit drei kräftigen Mitarbeitern anrückte. Tatsächlich schafften sie es unter erheblicher Kraftanstrengung, den Schrank so weit zu verrücken, dass es einem der Männer gelang, die

Diamanten, die sich in einer »Staubwurst« verfangen hatten, zu bergen und der überglücklichen Besitzerin auszuhändigen. Seither bewahrt sie ihre kostbaren Steine in einem Wertschließfach auf.

Der Panikraum

Was haben Prominente wie David Beckham, George Clooney, Kim Kardashian, Madonna und Paul McCartney gemeinsam? Die Antwort gibt uns der Sicherheitsexperte Adam Merschbacher: Sie alle verfügen für den Fall der Fälle in ihren Häusern über einen sogenannten Panikraum, im deutschen Sprachraum auch als Saferaum bezeichnet.[27] Tatsächlich handelt es sich um einen »Tresor für Menschen«. Befinden sich Einbrecher im Haus, bietet ein solcher Raum eine sichere Rückzugsmöglichkeit, um die Zeit zu überbrücken, bis die Polizei eintrifft. Zur Orientierung: Die Interventionszeit der Polizei beträgt nach Angaben von Adam Merschbacher zwischen 5 und 12 Minuten. Ein Panikraum ist mit verstärkten Wänden, einer gepanzerten Tür und bruchsicheren Fenstern ausgestattet und verfügt außerdem über ein Telefon (Zuleitung über ein Stahlpanzerrohr). Auch im Inneren des Panikraums sollten Sie Alarm auslösen können. Die Decken und Wände eines Panikraums sollten verlässlichen Schutz gegen alle tragbaren vollautomatischen Schnellfeuerwaffen bis hin zu Maschinengewehren bieten. Das zeigt schon, dass der Bau eines Panikraums wirklich erfahrenen Fachleuten überlassen werden sollte und dass es nichts bringt, am falschen Ende zu sparen.

Allerdings brauchen Sie einen Panikraum auch nicht wie einen Bunker mit umfangreichen Lebensmittelvorräten, Liegen und Campingtoilette auszustatten. In Europa werden in der Regel Panikräume im Schlaf- oder Wohnzimmer konzipiert; sie lassen sich dort mitunter als kleine Kabinen integrieren. Abhängig von der Familiengröße reicht eine Fläche von 3–6 Quadratmetern. Wichtig ist – wie erwähnt – ein Festnetztelefon für die Kommunikation mit der »Außenwelt«. Ich empfehle überdies, einen Verbandskasten (wie Sie ihn zum Beispiel im

 **SOS – Einbrecher im Haus!**

Mitten in der Nacht nehmen Sie verdächtige Geräusche wahr. Sie sind sich absolut sicher: Einbrecher befinden sich in Ihrem Haus/Ihrer Wohnung und suchen nach Ihren Wertsachen. Geben Sie keinesfalls Ihrem ersten Impuls nach, den oder die Täter zu stellen. Möglicherweise begeben Sie sich in Lebensgefahr. Zwar führen die wenigsten Einbrecher eine Schusswaffe bei sich, aber auch mit einem Messer oder einem Schraubenzieher können Ihnen in die Enge getriebene Einbrecher schwerste Verletzungen zufügen. Die Polizei und das Netzwerk »Zuhause sicher« raten Ihnen zu folgendem Verhalten:

1. Schließen Sie die Schlafzimmertür ab. Sofern Sie Kinder haben, gehen Sie leise und ohne Licht zu machen in das Kinderzimmer und schließen Sie dessen Tür ab.

2. Informieren Sie über die Notrufnummer 110 die Polizei (das aufgeladene Handy sollte immer auf dem Nachttisch liegen).

3. Jetzt erst machen Sie Lärm und schalten das Licht an, um dem oder den Tätern zu signalisieren, dass sie entdeckt wurden.

4. Versperren Sie den Einbrechern nicht die Fluchtwege.

5. Werden Sie von den Tätern unmittelbar bedroht, händigen Sie Ihnen das im Haus befindliche Bargeld sowie Münzen, Schmuck

Auto mitführen) sowie 3–4 Flaschen Mineralwasser im Panikraum zu deponieren. Mehr brauchen Sie nicht, denn wie ich schon erwähnte, ist die Polizei meist nach spätestens 12 Minuten vor Ort.

Wenn Sie zudem Ihre Wertsachen in einem qualitativ hochwertigen Tresor mit starker Widerstandsklasse aufbewahren, müssten Sie auf der sicheren Seite sein. Die Einbrecher können den schweren Tresor in den meisten Fällen nicht mitnehmen (das würde zu viel Zeit in Anspruch nehmen), und sie können Sie auch nicht unter Androhung von Gewalt zwingen, den Tresor zu öffnen, denn Sie befinden sich ja in einer schusssicheren Kabine und warten dort, bis Hilfe eintrifft.

und Uhren aus (den größten Teil Ihres Bargeldbestandes
oder Ihrer Sammlungen sollten Sie ohnehin in Wertschließfächern bei der Bank oder privaten Anbietern einlagern).

Treffen Sie den Einbrecher auf frischer Tat an, wenn Sie zum
Beispiel nach Hause kommen, so gelten folgende Empfehlungen:

1. Das Haus sofort verlassen und sich möglichst weit entfernen.
2. Die Polizei unter 110 informieren.
3. Falls möglich, Nachbarn informieren.
4. Dem Täter die Möglichkeit zur Flucht geben.
5. Defensiv verhalten und nicht versuchen, den oder
   die Einbrecher aufzuhalten oder anzugreifen.
6. Nach Möglichkeit sich das Aussehen, das Fahrzeug,
   Kennzeichen, Fluchtrichtung usw. einprägen.

Denken Sie immer daran: Kein Geldwert, kein Sachwert ist auch
nur ansatzweise so viel wert wie Ihr Leben und das Ihrer Lieben.

Allerdings stellt sich die Frage der Verhältnismäßigkeit. Für einen
wirklich sicheren Panikraum sollten Sie durchaus 100 000 Euro veran-
schlagen. Hinzu kommen die Kosten für einen Tresor von hoher Widerstandsklasse und die Einbruchmeldeanlagen (Alarmanlage). So eine Investition lohnt sich meist nur bei sehr hohen Vermögenswerten,
die Sie – aus welchen Gründen auch immer – nicht bei einer Bank oder
einem bankenunabhängigen Safeanbieter, sondern zu Hause aufbewahren wollen.

Für Personen hingegen, die einer sehr hohen Gefährdung ausgesetzt
sind, kann ein solcher Panikraum indessen schon Sinn machen, unter

Umständen sogar Leben retten. So verdankt etwa der dänische Kari-
katurist Kurt Westergaars dem Panikraum in seiner Wohnung, dass er
noch am Leben ist. Er hatte sich für einen solchen Saferaum entschieden, nachdem er im Jahr 2010 Morddrohungen aufgrund der Veröf-
fentlichung seiner Mohammed-Karikaturen mit Darstellungen des
muslimischen Propheten Mohammed erhalten hatte.[28]

Gold vergraben – eine gute Idee?

Erinnern Sie sich noch an den Einstieg in das vorliegende Buch – an
den Goldschatz von Javne? Vor sehr langer Zeit hat dort jemand Goldmünzen vergraben, doch keiner seiner Hinterbliebenen wusste davon.
Und so wurde der Schatz erst vor einiger Zeit per Zufall entdeckt. Das
ist einer der entscheidenden Nachteile, wenn Sie Ihr Gold vergraben:
Weiß niemand Bescheid, kann es passieren, dass Ihre Barren und
Münzen unentdeckt bleiben. So lange jedenfalls, bis zufällig bei Grabungen jemand auf den Schatz stößt. Um das zu verhindern, müssen
Sie über Ihre Aktion jemanden ins Vertrauen ziehen. Und schon haben Sie einen Mitwisser. Bedenken Sie: Der beste Freund und das lo-
yalste Familienmitglied können unberechenbar werden, wenn es um
Geld geht.

Trotz dieser Nachteile wären etwa 10 Prozent der Deutschen bereit,
ihre Goldreserven im Garten zu vergraben. Das ergab vor einiger Zeit
eine repräsentative Umfrage von Kantar Emnid im Auftrag der Deutschen Börse.[29] *Goldreporter.de* gibt in einer Broschüre sogar ganz kon-
krete Hinweise, wie Gold unterirdisch am besten aufbewahrt werden
kann und welche Materialien beziehungsweise Werkzeuge man
braucht, um seine Schätze professionell zu vergraben.[30] Alles, was man
dazu benötigt, erhält man in einem gut sortierten Baumarkt.

Auch der Sicherheitsexperte und Manager Bernd Elsenhans räumt ein:
»Einbrecher greifen eher zum Stemmeisen als zur Schaufel. Im Moment ist die Chance, bei einem Gebäudeeinbruch auf Wertsachen zu

stoßen, ungleich größer als bei einer Buddeltour zwischen Tulpen und Schnittlauch.[31] Dennoch hält Elsenhans das Vergraben von Gold für keine überzeugende Idee. Viel zu groß sei die Gefahr, dass man bei der auffälligen Grabungsaktion von zwielichtigen Gestalten beobachtet werde, die sich dann in der darauffolgenden Nacht als Schatzgräber betätigen. Und auch die Nachbarn würden schnell neugierig, wenn man im Schutz der Dunkelheit zu Werke gehe. Obwohl: Wer die richtige Ausrede parat hat, kann die Neugier der Nachbarn ausbremsen. Die Experten von *goldreporter.de* geben denn auch schon mal gezielte Tipps, wie man bei Nachfragen der Nachbarn reagieren kann: Behaupten Sie einfach, Sie legten sich für Ihre nächsten Gartenpartys einen Biersafe oder eine Hopfenhöhle an. Dabei handelt es sich um Erdloch-Flaschenkühler (Bauanleitungen gibt es auf YouTube).[32]

Was Sie beim Vergraben von Gold und anderen Wertgegenständen beachten sollten und was prinzipiell dagegen spricht, habe ich in der nachfolgenden Übersicht zusammengestellt:

1. Grundvoraussetzung ist, dass Sie über einen eigenen Garten verfügen.
2. Stellen Sie sicher, dass Sie Ihr unterirdisches Golddepot wiederfinden.
3. Markieren Sie Ihr unterirdisches Golddepot nicht zu auffällig, etwa mit einem großen Topf. So etwas fördert nur die Aufmerksamkeit ungebetener Gäste.
4. Eine Person Ihres Vertrauens sollte wissen, wo Sie Ihren Schatz vergraben haben. Dennoch: Jede Person – und sei sie auch noch so zuverlässig – stellt ein Sicherheitsrisiko dar.
5. Wenn Sie häufiger an derselben Stelle graben, wird auch der gutgläubigste Nachbar irgendwann neugierig.
6. Ihr Garten wird nicht rund um die Uhr überwacht. Wenn Sie zum Beispiel in Urlaub fahren, werden Ihre Wertsachen lediglich durch ein paar Zentimeter Erde geschützt.
7. Im Bereich der Bohrstelle sollten sich keine Strom-, Wasser-, Gas- und Telefonleitungen befinden.

Exkurs:
Deutsche fürchten Einbrüche

Einbrüche gehören zu den größten Ängsten der Deutschen – vor allem die emotionalen Folgen sind gefürchtet. In wirksamen Einbruchschutz wird allerdings oft erst dann investiert, wenn es zu Vorfällen im unmittelbaren Umfeld gekommen ist. Zu diesem Ergebnis kam vor einiger Zeit eine bundesweite, repräsentative Studie zum Sicherheitsempfinden, die das Marktforschungsinstitut INNOFACT im Auftrag der Protection One GmbH durchführte.

Die Onlineumfrage fokussierte das Sicherheitsgefühl der Deutschen sowie ihre Einstellung zu verschiedenen Sicherheitsvorkehrungen. Die empfundene Sicherheit wurde dem Ist-Zustand der Polizeilichen Kriminalstatistik gegenübergestellt. 1584 Personen nahmen insgesamt an der Umfrage teil, davon 1180 volljährige Privatpersonen und 404 Unternehmer, Selbstständige oder Geschäftsführer beider Geschlechter aus Gesamtdeutschland.

»Emotionen spielen beim Thema Sicherheit eine große Rolle – das hat die Studie eindeutig gezeigt«, resümierte Martin Smets von der INNOFACT AG. So würden psychische und emotionale Schäden nach Einbrüchen in den eigenen vier Wänden von knapp 42 Prozent der befragten Privatpersonen am meisten gefürchtet – vor allem von Frauen, bei denen dieser Wert 55 Prozent erreicht. Männer hingegen sorgten sich etwas stärker um materielle Schäden (31 Prozent). Unternehmer legten mit 18 Prozent

weniger Wert auf Emotionen und sorgten sich häufiger (29 Prozent) um entstandene Schäden durch Vandalismus und Einbruchschäden am Gebäude. Als schwerwiegend wird der Verlust von Daten durch Einbrüche angesehen – sowohl von Unternehmern (27 Prozent) als auch von Privatpersonen (22 Prozent).

»Die Sorge, Opfer eines Einbruchs zu werden, steht in einem klaren Widerspruch zu den erbrachten oder geplanten Sicherheitsvorkehrungen der Deutschen«, sagte Martin Smets bei der Vorlage der Untersuchung. Obwohl Eigentümern und Mietern das hohe Einbruchsrisiko bekannt sei, ergriffen viele erst dann Maßnahmen gegen Einbruch und Diebstahl, wenn es Fälle im nahen Umfeld gibt. So wollten sich 35 Prozent der Privatpersonen erst infolge von Einbrüchen oder Überfällen in der Nachbarschaft über Sicherheitsvorkehrungen informieren. Wenn es eigentlich schon zu spät ist – und in den eigenen vier Wänden eingebrochen wurde –, würden 22 Prozent der Privatpersonen tätig werden, während 16 Prozent bereits durch Polizeimeldungen und Statistiken über Sicherheitsvorkehrungen nachdenken würden. Unternehmen hingegen investierten deutlich häufiger in die Vorsorge, sie schützten neben ihrem Personal (45 Prozent) hauptsächlich ihre Geschäftsflächen (61 Prozent).

Die Studie förderte darüber hinaus Unterschiede zwischen älteren und jünge-

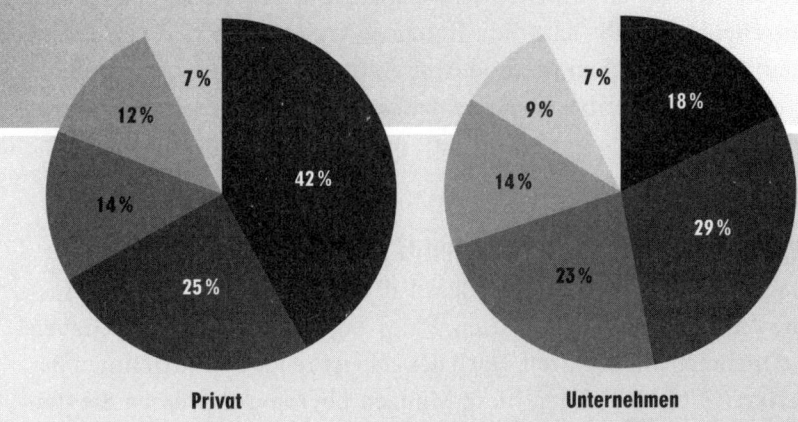

Privat **Unternehmen**

Von welchen Schäden & Folgen eines Einbruchs haben Sie am meisten Angst?

- ■ Emotionaler, psychischer Schaden
- ■ Vandalismus/Einbruchschäden
- ■ Geldeinbußen durch Neubeschaffung

- ■ Bürokratischer Aufwand mit Polizei/Versicherung
- ■ Imageschäden
- □ nichts davon

ren als auch zwischen kleinen und größeren Menschen zutage. Mit rund 33 Prozent vertrauten die 18- bis 39-Jährigen am wenigsten auf klassischen mechanischen Einbruchschutz, unter den 60- bis 79-Jährigen seien es hingegen 46 Prozent. Umgekehrt vertrauten 26 Prozent der 18- bis 39-Jährigen am stärksten elektronischen Sicherheitslösungen, während die älteren Generationen mit 23 Prozent dahinter lägen, so die Studienergebnisse. Diese Entwicklung zeige sich beim Thema Live-Überwachung noch deutlicher: Während 27 Prozent der 18- bis 39-Jährigen diesem Schutz vertrauen würden, könnten sich die 60- bis 79-Jährigen mit 13 Prozent solche Sicherheitsmaßnahmen kaum vorstellen. Die Körpergröße spiele wiederum beim Schutz

vor Überfällen unterwegs eine große Rolle. Das Mitführen eines Pfeffersprays könnten sich mit 54 Prozent mehr als die Hälfte der unter 1,60 Meter großen Befragten vorstellen, bei den über 1,80 Meter großen Teilnehmern hätten dies lediglich 38 Prozent angegeben.

Der beste Freund des Menschen sorge nach wie vor für Sicherheitsgefühle: 72 Prozent der befragten Privatpersonen sähen Hunde als schützenden Begleiter für unterwegs an. Bei insgesamt 19 Prozent der befragten Privatpersonen fungiere der Hund bereits als Abschreckung oder tierische Alarmanlage gegen Einbrecher, weitere 33 Prozent könnten sich einen Vierbeiner als effektive Abschreckung zu Hause vorstellen.

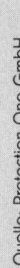
Quelle: Protection One GmbH

Ob Sie sich für ein unterirdisches Golddepot der Marke »Eigenbau«
entscheiden, bleibt natürlich Ihnen überlassen. Ich rate von dieser
ziemlich archaischen Methode der Aufbewahrung ab und empfehle
Wertschließfächer bei Banken oder bankenunabhängigen Anbietern.
Mit diesem Thema werden wir uns im nächsten Kapitel beschäftigen.

Was passiert mit »Schatzfunden«?

Gehen wir einmal von folgendem Fall aus: Sie kaufen sich ein Häus-
chen mit einem kleinen Garten. Eines Tages stoßen Sie beim Graben
auf mehrere Goldmünzen. Nach der ersten Freude kommen Ihnen Bedenken. Gehören Ihnen diese Münzen überhaupt? Müssen Sie den
kleinen Schatz zur Polizei oder ins Fundbüro bringen? Immerhin: Die
Goldmünzen waren in einem Garten vergraben, der seit einigen Monaten Ihr Eigentum ist.

Zunächst: Was versteht man unter einem Schatz? Es handelt sich um
eine angehäufte Menge beziehungsweise Ansammlung von kostbaren
Dingen. Das können Münzen oder Barren, aber zum Beispiel auch
Schmuck und antike Gegenstände von hohem Wert sein. Der Schatz
muss so lange verborgen gelegen haben, dass der Eigentümer nicht
mehr zu ermitteln ist. Wie steht es nun um die Eigentumsansprüche?
Diese sind in § 984 des Bürgerlichen Gesetzbuches (BGB) geregelt.
Dort heißt es:

Schatzfund

*»Wird eine Sache, die so lange verborgen gelegen hat, dass der
Eigentümer nicht mehr zu ermitteln ist (Schatz), entdeckt und
infolge der Entdeckung in Besitz genommen, so wird das Eigentum zur Hälfte von dem Entdecker, zur Hälfte von dem Eigentümer der Sache erworben, in welcher der Schatz verborgen war.«*

Was heißt das im Klartext? Angenommen, Sie finden in Ihrem Garten
Goldmünzen. In diesem Fall sind Sie Eigentümer des Gartens, in dem
der Schatz vergraben war, gleichzeitig aber auch Entdecker (der Gold-

münzen). In diesem Fall müssen Sie den Fund nicht teilen. Bitten Sie aber Ihren Nachbarn, während Ihres Urlaubs Ihren Garten umzugraben, und findet dieser die Goldmünzen, dann ist der Nachbar Entdecker (der Münzen) und Sie sind Eigentümer (des Gartens, in dem die Münzen vergraben waren). Sie müssen den Schatz also mit Ihrem Nachbarn teilen. Allerdings gibt es in manchen Bundesländern auch abweichende Regeln. In Berlin geht zum Beispiel jeder Schatz, den man auch Bodendenkmal nennt, ab dem Zeitpunkt des Fundes in den Besitz des Landes über. Eine entsprechende Verfahrensweise (»Schatzregal«[33]) ist in jedem Bundesland geregelt. Auf jeden Fall sind Sie verpflichtet, einen historischen Schatzfund bei der Denkmalbehörde anzugeben. Wurde der Schatz bei Bauarbeiten gefunden, müssen diese unverzüglich unterbrochen werden.[34]

Fazit: Aufbewahrung zu Hause birgt Risiken

Die Analyse auf den vorangegangenen Seiten hat klar gezeigt, dass die Aufbewahrung zu Hause – sei es in einem vermeintlich sicheren Versteck oder in einem Tresor – erhebliche Risiken birgt. Natürlich gibt es keine 100-prozentige Sicherheit im Leben, aber ein Bankschließfach oder ein Wertschließfach eines bankenunabhängigen Anbieters bietet doch erheblich mehr Sicherheit – und die damit verbundenen Kosten sind – je nach Anbieter – günstiger als die meisten denken. Meine Empfehlung: Sie sollten lediglich einen kleinen Teil Ihrer Wertgegenstände zu Hause in einem Tresor aufbewahren. Also zum Beispiel eine Bargeldreserve für Notfälle. Oder aber eine kleine Kollektion aus Ihrer Uhrensammlung. Schließlich wollen Sie sich auch gelegentlich an Teilen Ihrer Sammlung erfreuen und nicht jedes Mal, wenn Sie Ihre Armbanduhr wechseln möchten, zur Bank fahren. Außerdem kann es auch unter Sicherheitsaspekten ratsam sein, ein paar Wertgegenstände oder etwas Bargeld im heimischen Tresor aufzubewahren. Natürlich hofft jeder, niemals von brutalen Einbrechern überfallen zu werden, doch wenn einen dieses Unglück trifft und die Täter stellen fest, dass es bei Ihnen nichts zu holen gibt, weil Sie alle Wertsachen im Banktresor aufbewahren, könnten sie in Ihrem Frust sehr aggressiv werden. Da ist es besser, die Einbrecher machen nur eine kleine Beute und ziehen anschließend ab. Wie gesagt, ich hoffe, dass Sie, liebe Leserin, lieber Leser, niemals in eine solche Situation kommen, doch für den Fall der Fälle sollte man optimal vorbereitet sein.

Tatsächlich lagern die meisten Deutschen ihre Dokumente und Wertgegenstände außerhalb der eigenen vier Wände. Das ergab eine repräsentative Umfrage der Berliner Firma Asservato, einem Anbieter von Wertschließfächern. Die Umfrage führte allerdings auch zu einem überraschenden Ergebnis: Nicht nur Edelmetalle, Uhren und Schmuck bewahren die Bundesbürger am liebsten an einem sicheren Ort auf, sondern vor allem offizielle Dokumente, Bargeld und persönliche Andenken wie Fotos, Briefe oder Gegenstände, die mit persönlichen Erinnerungen verbunden sind. Die dabei am meisten genannten Anforderungen an einen »sicheren Ort« sind: Einbruch- und Diebstahlschutz (52 Prozent der Befragten), ein ausschließlich persönlicher Zugriff (49 Prozent) und Versicherungsschutz (39 Prozent). Tendenziell sind Frauen zurückhaltender als Männer, wenn es darum geht, persönliche Gegenstände extern aufbewahren zu lassen. Männer hingegen lagern häufiger als Frauen materielle Wertsachen wie Edelmetalle und Münzen, offizielle Dokumente oder Kunstgegenstände außerhalb der eigenen vier Wände. Besonders die Jüngeren unter den Frauen im Alter zwischen 18 und 29 Jahren können sich die Auslagerung von Bargeld vorstellen (30 Prozent). Der Wert ist um ein Mehrfaches höher als unter älteren Frauen. Für die wiederum ist das Argument »Einbruchschutz« relevant, auch der Wunsch nach »Diskretion und Privatsphäre vor Ort« nimmt mit steigendem Alter zu.[35]

Wertschließfächer bei Banken und bankenunabhängigen Anbietern

Die Seilerstätte ist eine recht schmale Straße im Herzen von Wien. Ganz in der Nähe befindet sich das Traditionsgasthaus »Zu den 3 Hacken«, wo in pittoreskem historischem Ambiente typische Wiener Gerichte serviert werden. Nicht weit entfernt sind der Wiener Stadtpark und das Museum für angewandte Kunst (MAK). Die Adresse Seilerstätte Nummer 3 gehört zur Rückseite des 5-Sterne-Hotels Palais Coburg, eines 1845 fertiggestellten Stadtpalais, das heute nicht nur ein exzellentes Hotel und Sterne-Restaurants beherbergt, sondern auch die POK Pühringer Privatstiftung von Peter Pühringer, einem der reichsten Österreicher, dem auch das Palais Coburg gehört.

Über den offenbar sehr bewusst äußerst bescheiden gehaltenen Zugang in der Seilerstätte 3 gelangt man per Sicherheitsschleuse in den Palais Coburg Tresor, eine moderne, vollautomatische Anlage mit Werttresoren. Der Tresor ist bankenunabhängig, und für die Mieter sind die Safefächer 24 Stunden täglich und an 7 Tagen in der Woche zugänglich. Mieter können in diesen Safefächern zum Beispiel Schmuck, Edelmetalle, Bargeld und wichtige Dokumente aufbewahren. Die Aushänge und Infoschreiben in verschiedenen Sprachen lassen den Schluss zu, dass die Kundschaft sehr international ist. Aufgrund eigener Erfahrung und des Austauschs mit Experten vor Ort kann ich versichern, dass dort – wie auch bei anderen bankenunabhängigen Anbietern – Wertsachen sicher und sehr diskret aufbewahrt werden. Das Ganze hat natürlich seinen Preis, doch dazu kommen wir am Ende dieses Kapitels.

In Deutschland, Österreich und der Schweiz haben in den vergangenen Jahren immer mehr bankenunabhängige Anbieter aufwendige Werteschließfachanlagen gebaut. Die Nachfrage ist, wie wir von gut informierten Sicherheitsexperten erfahren haben, immens groß. Sie wird im Wesentlichen von drei Anbietern bedient:

1. **Banken.** Bankschließfächer gelten als »Klassiker« und trotz einiger spektakulärer Einbrüche in den vergangenen Jahren als sehr sicher. Allerdings sind sie schon seit Jahren absolute Mangelware. Und das Angebot dürfte tendenziell sogar noch zurückgehen, da immer mehr Filialen und Geschäftsstellen der Banken geschlossen werden. Darüber hinaus sind Bankschließfächer in der Regel nur während der Geschäftszeiten zugänglich. Wer also zum Beispiel am späteren Nachmittag oder am Wochenende an sein Schließfach möchte, hat ein Problem. Zudem setzt ein Bankschließfach üblicherweise eine Bankverbindung mit dem betreffenden Institut voraus. Sprich: Der Kunde muss ein Konto unterhalten. Die Geldinstitute führen Banken-Kontenlisten, in denen auch Schließfachnummern eingetragen sind. Die Finanzbehörden wissen also sehr schnell, ob und bei welcher Bank Sie ein Schließfach angemietet haben. Und die Neugier der Behörden sollte man bekanntermaßen nicht unterschätzen. Im sogenannten vierten Finanzmarktförderungsgesetz, das zum 1. Juli 2002 in Kraft trat, wurden alle Banken und Sparkassen verpflichtet, künftig die wichtigsten Kontostammdaten (auch Schließfachnummern) ihrer Kunden zum automatisierten Abruf bereitzuhalten. Wie so häufig, wenn Bürgerrechte eingeschränkt werden, musste der Kampf gegen Geldwäsche, organisierte Kriminalität und Terror als Begründung herhalten. In der Praxis reicht schon der bloße Verdacht auf eine Steuerschummelei für diesen großen Lauschangriff auf Bankkunden aus. Nach Schätzungen von Bankern haben bereits im Jahr 2007 die Finanz- und Sozialbehörden in mindestens 350 000 Fällen Kontenstammdaten abgerufen.[36] Im Jahr 2019 waren es schon über 915 000 Fälle (2018 »nur« 796 000). Auskünfte begehren demnach neben den Finanzämtern vor allem Sozialbehörden und Gerichtsvollzieher.[37] Die Behörden können einen Bankkunden zwingen, sein Schließfach zu öffnen. Weigert er sich, wird ein Handwerker mit Schneidbrenner gerufen.

2. **Bankenunabhängige Anbieter.** Weil kaum noch Bankschließfächer vorhanden sind und obendrein das Vertrauen der Menschen

in die Banken in den vergangenen Jahren nicht eben gestiegen ist, springen immer mehr bankenunabhängige Anbieter von Wertschließfächern in die Bresche. Die erwähnte Tresoranlage im Luxushotel Palais Coburg in Wien gehört ebenso zu diesen Anbietern wie das ebenfalls schon erwähnte Berliner Start-up-Unternehmen Asservato, um an dieser Stelle nur zwei Beispiele zu nennen.

3. **Edelmetallhäuser.** Auch Unternehmen wie pro aurum und Degussa Edelmetallhandel bieten ihren Kunden Schließfächer an, die sich in der Regel in den Geschäftsgebäuden befinden und hohe Sicherheitsstandards aufweisen. Bisweilen ist die Nutzung solcher Schließfächer jedoch an einen Mindestumsatz beim Kauf von Edelmetallen gebunden, darüber hinaus ist es mitunter nicht möglich, bereits vorhandene Edelmetalle gemeinsam mit neu erworbenen Stücken zu lagern.

Schauen wir uns im Folgenden die drei skizzierten Alternativen etwas genauer an:

Bankschließfach

Max L. ist selbstständig und sammelt leidenschaftlich Uhren und Goldmünzen. Um auf Nummer sicher zu gehen, hat er gleich zwei Bankschließfächer angemietet – eines in Österreich und ein zweites bei einer Sparkasse im nahen Deutschland. Wenn Max L. an seine im Bankschließfach verwahrte Kassette mit Wertgegenständen will, muss er am Infoschalter der Bank zunächst einmal Schlange stehen, bis sich eine der Damen seiner annimmt. Möglichst diskret versucht er dann mitzuteilen, dass er kurz an sein Schließfach möchte. Wenn der Bankkunde Pech hat, befindet sich gerade ein anderer Schließfachmieter im Tresorraum. Zwei zur gleichen Zeit, das geht natürlich gar nicht. Max L. macht dann entweder einen Spaziergang am Bodenseeufer, oder er gönnt sich ein Glas Chardonnay in der Bar gegenüber. Wieder in den Schalterraum der Bank zurückgekehrt, schleppt die Mitarbeiterin einen schweren Leitz-Ordner herbei – wie in prädigitalen Zeiten. Irgendwo in diesem Order findet sie dann die Unterlagen des Kunden, notiert Datum und Uhrzeit des Zugangs. Max L. unterschreibt – und muss wieder warten. Denn allein kann er den Safe nicht öffnen, dazu braucht es eines Zweitschlüssels, über den eine andere Bankangestellte verfügt. Die ist nicht begeistert, aus ihrer Arbeit gerissen zu werden, um einen Kunden in den stickigen Tresorraum zu begleiten. Wenig motiviert, schnappt sie einen Schlüsselbund und dirigiert Max L. mürrisch in den Keller. Bisweilen drängt sich dem Kunden der Verdacht auf, die junge Dame sei eine JVA-Angestellte und müsste einen Strafgefangenen in die Zelle sperren. Dafür macht der Tresor der Bank aber einen sehr vertrauenswürdigen Eindruck. Sehr dicke Wände, Sicherheitsschlösser, massive Zugangstüren. Max L. hat das Gefühl: Hier sind meine Wertsachen gut aufgehoben. Lange bleibt er nicht in diesem Tresorraum, denn dort unten ist es zu allen Jahreszeiten unangenehm schwül. Dafür ist die Jahresgebühr in Höhe von rund 90 Euro vergleichsweise günstig. Deshalb nimmt Max L. die Schwüle und das JVA-Feeling gern in Kauf.

Deutlich entspannter geht es in der deutschen Sparkasse zu. Auch dort muss sich Max L. bei einer Bankmitarbeiterin zunächst anmelden, damit ihm die Tür geöffnet wird. Er geht aber allein in den Keller, zieht eine Sicherheitskarte durch den Schlitz am Eingang und gibt seine PIN ein. Schon öffnet sich eine zweite Tür, und an seinem Schließfach leuchtet ein grünes Lämpchen. Dieses Fach kann der Kunde dann selbstständig mit seinem Schlüssel öffnen, er ist also nicht auf den Zweitschlüssel eines Bankmitarbeiters angewiesen. Dafür ist dieser Safe pro Jahr 30 Euro teurer.

Der Tresorraum in der erwähnten österreichischen Bank ist ziemlich »old-fashioned«; exakt so, wie ihn viele Fernsehzuschauer aus alten Krimis kennen. Der Tresorraum in der deutschen Sparkasse macht einen freundlicheren Eindruck. Vielen Bankkunden ist es zudem angenehmer, allein den Tresorraum aufsuchen zu können und nicht auf die zumindest zeitweise Begleitung einer Bankmitarbeiterin angewiesen

Blick in den Tresorraum einer Bank
Bild: Panthermedia/Redaktionsbüro Brückner

zu sein, auch wenn diese den Tresorraum natürlich verlässt, sobald der Kunde seine Kassette aus dem Safe holt.

Trotz allem ist Max L. zufrieden, dass er über gleich zwei Wertschließfächer verfügt; andere Bankkunden müssen oft Monate warten, bis sie ein solches Schließfach bekommen. Und die vielerorts bereits bestehenden Wartelisten werden gewiss nicht kürzer, da die Nachfrage kon-

tinuierlich steigt, das Angebot angesichts der anhaltenden Filialschlie-
ßungen der Banken aber weiter deutlich sinken dürfte. Indessen
genießt Max L. diese Privilegien nur, weil er mit beiden Banken Kon-
toverbindungen unterhält.

Allerdings gibt es einen Punkt, der Max L. immer wieder ärgert: Zugang zu seinen Wertschließfächern hat er nur während der Öffnungszeiten der jeweiligen Bank. Wenn er also auf den verwegenen Gedanken kommen sollte, freitags um 17 Uhr seine goldene Armbanduhr
aus dem Schließfach holen zu wollen, die er eigentlich zu einem Emp-
fang am Wochenende tragen möchte, hat er schlicht Pech gehabt.

Fazit: Bankschließfächer gelten als sehr sicher und sind vergleichsweise günstig. Dafür ist der Inhalt der Schließfächer aber nur bis zu einem
geringen Betrag (mitunter gar nicht) versichert. Wünscht der Kunde
eine höhere Versicherungssumme, muss er entsprechend mehr zahlen.
Bargeld ist in der Regel überhaupt nicht versichert, was nicht überra-
schend ist, denn die Bank möchte natürlich, dass der Kunde mit seinen
finanziellen Reserven provisionsträchtige Fonds oder Zertifikate kauft.
Schließlich sind Bankschließfächer – wie bereits erwähnt – nicht anonym. Wem das nichts ausmacht und wer eines der begehrten Schließfächer bekommt, hat somit eine günstige Möglichkeit, seine Wertgegenstände sicher zu verwahren.

Bankenunabhängige Wertschließfächer

Colin Solberg war seit vielen Jahren Kunde einer großen deutschen
Bank in Köln. Als er 2017 nach Berlin umzog, suchte er die dortige
Niederlassung des Geldinstituts auf und äußerte den Wunsch, ein
Schließfach zu mieten. Aber da könnte ja jeder kommen, dachten die
Banker in der Berliner Filiale. Erst einmal müsse er sein Konto von
Köln nach Berlin übertragen, anschließend ein halbes Jahr warten und
sich dann für die Warteliste qualifizieren. Tatsächlich sei das Gespräch
so ähnlich verlaufen, berichtete Solberg dem Onlinemagazin *Finanz-*

Business.[38] Aus dem frustrierenden Serviceerlebnis wurde schnell eine Geschäftsidee. Zusammen mit einem Mitstreiter und finanziert über Convertible Loans (Wandeldarlehen) von zwei Family Offices gründete Colin Solberg in Berlin mit der Firma Asservato einen bankenunabhängigen Schließfachanbieter. Im Frühjahr 2021 ging das Unternehmen mit seiner ersten Schließfachanlage in der Bundeshauptstadt an den Start. Die Hightech-Sicherheitsanlage mit einem Zugang über eine eigene Smartphone-App entstand in einer alten Volksbank-Filiale. Die »Neuerfindung des Bankschließfachs«, so die *tagesschau*[39], erinnert in ihrer Funktionsweise etwas an den erwähnten Tresor im Wiener Palais Coburg. Mithilfe einer Chipkarte öffnen sich Türen und massive Schleusen. Ein Automat fragt den PIN-Code ab und bittet um den Abdruck des Zeigefingers. Dann braucht es etwa eine Minute Geduld, bis ein Roboter das persönliche Fach in eine kleine Kabine befördert. Der Vorgang ist anonym und bis zur Zustellung des Fachs ohne menschlichen Kontakt. Der Inhalt jedes Fachs ist mit 30 000 Euro versichert – unabhängig davon, was drin ist.

Eine ganz ähnliche Idee wie die Gründer von Asservato hatte der gelernte Bankkaufmann Julian Treidler. Ebenfalls in Berlin hob er eine voll digitalisierte Wertschließfachanlage aus der Taufe, die auf Robotik setzt. Das Prinzip ist dem des jungen Mitbewerbers einige Kilometer entfernt sehr ähnlich. Julian Treidler kennt aber auch noch die andere Welt. Einem deutschen Wirtschaftsjournal berichtete er von seiner Tätigkeit bei der Deutschen Bank in Hamburg. Dort öffnete er vielen Kunden die Schließfächer in einem breiten Koloss aus Stahl. Als er hörte, welche Probleme ein befreundeter Unternehmer hatte, bei einer Bank für sein erworbenes physisches Gold ein Wertschließfach zu bekommen, kam ihm die Idee, bankenunabhängige Schließfächer anzubieten – mit Zugang rund um die Uhr.[40] Denn der Jungunternehmer ist sich sicher: Seine (potenziellen) Kunden suchen nicht nur Schließfächer, um darin Bargeld, Edelmetalle, Uhren und Schmuck aufzubewahren, sondern auch wichtige Dokumente, Urkunden und Pässe. Schließlich geht es nicht nur um den Schutz vor Einbrechern, sondern auch vor einem Wohnungsbrand oder vor Wasserschäden.

Was ihre Tresortechnik angeht, setzen beide Anbieter auf den schwedischen Hersteller Gunnebo Group. Dieses mit Hauptsitz in Göteborg weltweit tätige Unternehmen bietet unter anderem Produkte, Software und Dienstleistungen zur Kontrolle des Wert-, Bargeld- und Personenflusses sowie Zugangskontrollen, sichere Aufbewahrung und Lösungen für Hochrisikostandorte.

Neben den erwähnten »Newcomern« sind bereits seit Jahren andere Sicherheitsunternehmen in Deutschland und den Nachbarländern am Markt und bieten bankenunabhängige Lösungen rund um die sichere Verwahrung von Wertgegenständen, Dokumenten, Bargeld usw. an. Zu den bekanntesten dürfte die EMS Werteinlagerung in Heidenheim an der Brenz zählen. Manche sprechen auch vom »schwäbischen Fort Knox«. Das Unternehmen wurde bereits im November 2009 gegründet. Auch dort ist – anders als bei Bankschließfächern – Anonymität gewährleistet. EMS verwahrt nach eigenen Angaben nicht nur Sachwerte wie Edelmetalle, Gemälde oder Antiquitäten, sondern zum Beispiel auch Quellcodes für entwickelte Firmensoftware.

In den vergangenen Jahren sind in Deutschland sowie in einigen Nachbarstaaten viele Anbieter von privaten, bankenunabhängigen Wertschließfächern aus der Taufe gehoben worden. Beispielhaft möchte ich an dieser Stelle noch »sb23« (SchließBAR) in München und »Tresorfach24« in Kulmbach nennen. Wenn der eine oder andere Anbieter an dieser Stelle nicht genannt wurde, so ist das keineswegs als Qualitätsurteil zu verstehen. Auch hier nicht erwähnte Unternehmen bieten sichere Verwahrmöglichkeiten für Ihre Wertsachen und Dokumente an. Gleichwohl möchte ich nicht verschweigen, dass sich in dieser Branche in den vergangenen Jahren auch »schwarze Schafe« niedergelassen haben. Es reicht eben nicht, ein recht passabel erscheinendes Haus anzumieten und ein paar Tresore in den Keller zu stellen. Deshalb meine Empfehlung: Besichtigen Sie die Tresoranlagen der Anbieter und fragen Sie, ob und nach welchen Standards die Lagerstätte zertifiziert wurde. Außerdem wichtig:

- Wird die Lagerstätte rund um die Uhr von qualifiziertem Sicherheitspersonal überwacht?
- Wird Hochsicherheitssensorik der neuesten Generation eingesetzt?
- Gibt es biometrische Sicherheitsschleusen?
- Besteht eine gesetzliche Meldepflicht der Kundendaten?
- Wer erhält Zugriff auf das Schließfach?
- Zu welchen Zeiten ist der Zugang möglich?

Fazit: Banken- und händlerunabhängige Lagerunternehmen bieten gegenüber Banksafes häufig mehr Flexibilität (Zugang nicht nur während der Schalteröffnungszeiten der Bank) und mehr Anonymität. In der Regel besteht keine gesetzliche Meldepflicht der Kontodaten. Doch Vorsicht: Darauf sollten Sie sich nicht auf Dauer verlassen. Manche Anbieter privater Schließfächer kommunizieren den Vorteil der weitgehenden Anonymität inzwischen nur noch sehr zurückhaltend. Schließlich will man keine schlafenden Hunde wecken. Jedenfalls kann niemand ausschließen, dass in einer Zeit, in der die Menschen immer lückenloser überwacht und von staatlichen Stellen gegängelt werden (siehe Corona), eines Tages auch die Anbieter von bankenunabhängigen Wertschließfächern gezwungen werden, ihre Kundendaten preiszugeben. Alles in allem aber weisen private Wertschließfächer gegenüber den Bankschließfächern deutliche Vorteile auf, dafür sind sie meist allerdings auch teurer.

Schließfächer bei Edelmetallhändlern

Auch mehrere Edelmetallhäuser in Deutschland und im benachbarten Ausland bieten ihren Kunden bankenunabhängige Schließfächer an, die sich – wie zu hören ist – reger Nachfrage erfreuen. Zu den bekanntesten Anbietern in Deutschland gehören pro aurum und Degussa Goldhandel. Deren Schließfächer erfüllen höchste Sicherheitsstandards. Schließfächer bei Edelmetallhäusern bieten ebenfalls ein hohes Maß an Diskretion.

Bevor Sie sich für ein Schließfach bei einem Edelmetallhändler entscheiden, sollten Sie eruieren,

- ob Sie darin neben Edelmetallen auch andere Wertgegenstände verwahren können,
- ob ein solches Schließfach von Mindestumsätzen abhängig ist (ob Sie also in dem entsprechenden Edelmetallhaus bis zu einem Mindestbetrag Gold oder andere Edelmetalle kaufen müssen),
- ob ein Kaufzwang besteht,
- zu welchen Zeiten Sie Zugang zu Ihren Wertgegenständen haben
- ob Sie zur Wahrung der Diskretion die Schließfachmiete auch bar entrichten können (statt Banküberweisung, die wiederum Spuren hinterlässt),
- wie hoch der Inhalt des Schließfachs versichert ist und ob sich die Versicherungssumme erhöhen lässt (falls ja, bis zu welcher Obergrenze und zu welchem Preis?).

Degussa Goldhandel bietet an mehreren Standorten in Deutschland und im europäischen Ausland Wertschließfächer an. Diese können für alle Wertgegenstände und Dokumente genutzt werden, also nicht nur für Edelmetalle. Nach Unternehmensangaben vom September 2021 sind die Wertschließfächer von Montag bis Mittwoch sowie freitags von 10 bis 17 Uhr zugänglich, donnerstags von 10 bis 18 Uhr. Ein Schließfach ist standardmäßig bis 30 000 Euro abgesichert, der Versicherungsschutz kann gegen einen entsprechenden Aufpreis auf bis zu 1 Million Euro erhöht werden. Stand September 2021 unterhält Degussa Goldhandel Schließfachanlagen an folgenden deutschen Standorten: Augsburg, Berlin, Frankfurt am Main, Hamburg, Hannover, München, Pforzheim und Stuttgart.

Das Angebot des Degussa-Mitbewerbers pro aurum fällt sehr ähnlich aus. Auch dieses Unternehmen bietet bankenunabhängige Schließfächer in verschiedenen Größen in mehreren deutschen Städten an (München, Düsseldorf, Stuttgart, Berlin und Bad Homburg). Wie Degussa unterhält auch pro aurum eine Schließfachanlage in Zürich.[41] Identisch ist ferner die standardmäßige Versicherungssumme für den Schließfachinhalt von bis zu 30 000 Euro (beziehungsweise 50 000 Schweizer Franken in Zürich), wobei eine Höherversicherung gegen entsprechenden Aufpreis natürlich möglich ist. In einem pro-aurum-Schließfach können Sie nicht nur Edelmetalle in Form von Münzen und Barren aufbewahren, sondern auch andere Wertgegenstände (Uhren, Schmuck, Briefmarken etc.) sowie Bargeld. Allerdings ist die Miete für bankenunabhängige Wertschließfächer meist deutlich höher als bei Geldinstituten (siehe Tabelle»Wertschließfächer im Überblick«).

Fazit: Wertschließfächer bei Edelmetallhändlern sind diskreter als bei Banken. Ein weiterer Vorteil sind die kurzen Wege vom Kauf bis ins Schließfach. Verkauf und Aufbewahrung finden oft im selben Gebäude statt. Die Öffnungszeiten, die einen Zugang zu Ihrem Schließfach erlauben, sind meist großzügiger bemessen als bei Geldinstituten. Normalerweise können Sie in solchen Schließfächern – wie erwähnt – auch andere Wertgegenstände und Dokumente aufbewahren. Die standardmäßige Absicherung ist in vielen Fällen höher als bei Banken.

Bankenunabhängige Anbieter im Ausland

Im Schnitt werden in Österreich pro Tag rund dreißig Einbrüche in Wohnungen und Häuser begangen und nur jedes zehnte Verbrechen aufgeklärt, weiß der Blogger Robert Prazak.[42] Zwar ist die Zahl dieser Delikte auch im Nachbarland während der Corona-Krise zurückgegangen, doch dürfte es sich – wie in Deutschland – dabei nur um ein temporäres Phänomen handeln. Jedenfalls sind die österreichischen Bürger gut beraten, ihre Wertsachen sicher in einem Schließfach zu verwahren. Das können sie zum einen natürlich bei Geschäftsbanken, zum anderen gibt es aber dort ebenfalls bankenunabhängige Anbieter von Wertschließfächern. Die Tresoranlage im Palais Coburg habe ich am Anfang dieses Kapitals bereits erwähnt. Weitere Anbieter sind unter anderem Neukamp & Partner in Wien (Hochsicherheitstresor mit

24-Stunden-Zutritt) sowie »Meine Schatzkammer« mit der vergleichs-weise hohen standardmäßigen Versicherungssumme von 35 000 Euro.

In der Schweiz und im Fürstentum Liechtenstein wiederum genießt die Swiss Gold Safe AG einen guten Ruf. In den dortigen Schließfächern können Sie neben Edelmetallen auch andere Wertgegenstände lagern. Das bankenunabhängig arbeitende Unternehmen unterhält Hochsi-cherheitsanlagen und Tresore in der Schweiz sowie in Liechtenstein.

Wertschließfächer im Überblick

Für den nebenstehenden Überblick haben wir beispielhaft einige Ban-ken, Edelmetallhändler und andere bankenunabhängige Anbieter aus-gewählt. Die Tabelle erhebt somit keinen Anspruch auf Vollständig-keit. Die veröffentlichten Daten entsprechen den Recherchen des Autors im September 2021 beziehungsweise im Fall der Banken dem Testergebnis der Stiftung Warentest aus dem Jahr 2020. Beachten Sie bitte, dass sich sowohl die Konditionen als auch die Rahmenbedingun-gen inzwischen geändert haben könnten. Insofern übernehmen wir keine Gewähr und empfehlen, direkt mit dem betreffenden Anbieter in Kontakt zu treten.

Oft gestellte Fragen rund um Wertschließfächer

 **Was passiert mit meinen Wertsachen, wenn der Schließfachanbieter Insolvenz anmelden muss?**

Sie bleiben natürlich in diesem Fall Eigentümer der im Schließfach ent-haltenen Wertgegenstände, selbst wenn diese im Augenblick nicht in Ihrem Besitz sind, da sie ja im Schließfach lagern. Das ändert jedoch nichts daran, dass Sie nach wie vor das Recht an den Sachen haben (= Ei-gentum). Angenommen, Sie haben für Ihren Wagen einen Dauerabstell-platz in einem Parkhaus angemietet. Nun geht die Parkhausgesellschaft

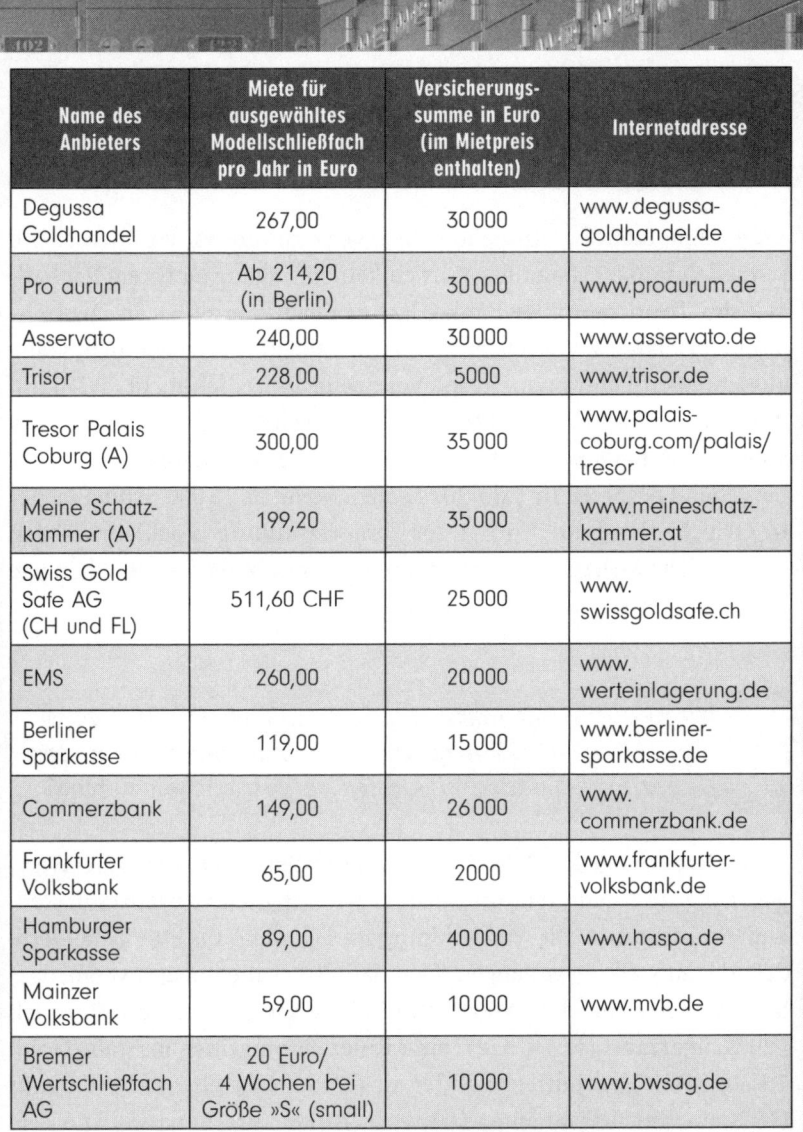

Name des Anbieters	Miete für ausgewähltes Modellschließfach pro Jahr in Euro	Versicherungs-summe in Euro (im Mietpreis enthalten)	Internetadresse
Degussa Goldhandel	267,00	30 000	www.degussa-goldhandel.de
Pro aurum	Ab 214,20 (in Berlin)	30 000	www.proaurum.de
Asservato	240,00	30 000	www.asservato.de
Trisor	228,00	5 000	www.trisor.de
Tresor Palais Coburg (A)	300,00	35 000	www.palais-coburg.com/palais/tresor
Meine Schatz-kammer (A)	199,20	35 000	www.meineschatz-kammer.at
Swiss Gold Safe AG (CH und FL)	511,60 CHF	25 000	www.swissgoldsafe.ch
EMS	260,00	20 000	www.werteinlagerung.de
Berliner Sparkasse	119,00	15 000	www.berliner-sparkasse.de
Commerzbank	149,00	26 000	www.commerzbank.de
Frankfurter Volksbank	65,00	2 000	www.frankfurter-volksbank.de
Hamburger Sparkasse	89,00	40 000	www.haspa.de
Mainzer Volksbank	59,00	10 000	www.mvb.de
Bremer Wertschließfach AG	20 Euro/ 4 Wochen bei Größe »S« (small)	10 000	www.bwsag.de

Bild: © Maxx-Studio/Shutterstock.com

pleite. Selbstverständlich bleibt Ihr Auto Ihr Eigentum; die Gläubiger der Parkhausgesellschaft haben keine Ansprüche auf Ihren Wagen. Sie holen Ihr Fahrzeug ab und suchen sich einen anderen Anbieter. Nicht anders ist die Situation im Fall einer Insolvenz eines Schließfachanbieters. Wenden Sie sich bei Problemen an den Insolvenzverwalter.

 **Können Bankschließfächer seitens der betreffenden Bank oder des Staates gesperrt werden?**

Wenn eine Bank bei drohender Insolvenz zumindest vorübergehend schließen muss, haben Sie natürlich keinen Zugang zu Ihrem Schließfach im Tresorraum der Bank. Dass es dazu kommt, ist in Deutschland, der Schweiz und Österreich zwar sehr unwahrscheinlich, völlig ausschließen kann man ein solches Szenario freilich nicht. Während der Euro- und Staatsschuldenkrise in Griechenland und auf Zypern wurden die Banken – und damit auch die Bankschließfächer – vorübergehend gesperrt. Im Jahr 2014 sollen mehr als 15 000 Schließfächer in Griechenland auf Antrag der Steuerfahndung blockiert worden sein.[43] Mehr Sicherheit bieten in dieser Hinsicht bankenunabhängige Anbieter von Wertschließfächern.

 **Welche Beweise muss man vorlegen, um von der Versicherung entschädigt zu werden, wenn Einbrecher in den Tresorraum eindringen und meine Wertsachen stehlen?**

In der Tat eine heikle Angelegenheit. Einerseits wollen Sie Ihre Wertgegenstände so anonym und diskret wie möglich verwahren lassen, andererseits dürfte die Versicherung im Fall der Fälle eine detaillierte Schadenaufstellung verlangen. Und dann ist es nicht damit getan, dass Sie eine Liste mit dem Wertfachinhalt vorlegen, also zum Beispiel: »20 Krügerrand (je 1 Unze), eine Rolex Submariner in Stahl/Gold, 1 Patek Philippe Jahreskalender in Gold, Halskette aus Weißgold (18 Karat) mit 1 Diamanten (1 Karat), 20 000 Euro Bargeld.« Die Versicherung wird Rechnungen, Herstellerzertifikate, Wertgutachten, detaillierte Fotos usw. verlangen. Besonders schwierig ist der Nachweis von Bargeld. Sie müssen die Höhe des im Schließfach bis zum Einbruch vorhandenen Bargelds nachweisen oder zumindest glaubhaft machen. Die Frage, was dabei »glaubhaft« ist und was nicht, birgt viel Konfliktpotenzial zwischen der Bank, der Versicherung und dem bestohlenen Schließfachmieter. Experten empfehlen, die im Schließfach aufbewahrten Wertgegenstände zu fotografieren (Vorder- und Rückseite). Bei jedem Besuch sollte der Inhalt des Schließfachs zusammen mit einer aktuellen Tageszeitung fotografiert werden. Von besonders kostbaren Wertgegenständen sollten Sie Wertgutachten von anerkannten Sachverständigen anfertigen lassen. Bewahren Sie auch Rechnungen, Garantieurkunden und Zertifikate sorgfältig auf (aber natürlich nicht im Schließfach!). Je mehr belastbare Papiere Sie vorlegen können, desto besser sind Ihre Karten bei den Verhandlungen mit der Versicherung. Kaum zu glauben, aber wahr: Es gibt Menschen, die – auch ohne neurologische Erkrankung – gar nicht so genau wissen, was sie alles in ihrem Wertschließfach verwahren lassen. Ein Uhrensammler berichtete mir einmal mit strahlenden Augen, er habe in seinem Wertschließfach unlängst eine Luxusarmbanduhr der Marke Blancpain entdeckt, an die er gar nicht mehr gedacht hatte. »Das war fast wie Weihnachten«, sagte er. Auch so etwas gibt es.

 **Was passiert mit dem Schließfachinhalt nach dem Tod des Mieters?**

Ganz wichtig: Testamente sollten nie in einem Schließfach verwahrt werden. Denn in diesem Fall stehen die Erben vor einem großen Problem. Sie sind oft nicht in der Lage nachzuweisen, dass sie die Erben des Schließfachinhabers sind, daher wird sich die Bank weigern, das Schließfach zu öffnen. Dann muss der voraussichtliche Erbe eine Nachlasspflegschaft beantragen, um durch einen Nachlasspfleger feststellen zu lassen, ob sich im Schließfach ein Testament befindet. Wenn Sie also Ihr Testament nicht an einem sicheren Ort zu Hause aufbewahren wollen, wählen Sie die amtliche Verwahrung beim zuständigen Nachlassgericht.

Grundsätzlich gehen die Rechte am Schließfach und dessen Inhalt auf die Erben über. Für den Fall, dass mehrere Personen erben, können diese nur gemeinsam ein Bankschließfach kündigen und müssen hierzu ihr Erbrecht nachweisen. Problematisch wird es, wenn der Schließfachmieter noch zu Lebzeiten nur einer Person aus einer Erbengemeinschaft eine Vollmacht über sein Schließfach erteilt. Denn in diesem Fall könnte sich der Erbe mit der Vollmacht das verwahrte Vermögen ganz oder teilweise aneignen. Die anderen Erben sind in einer solchen Situation kaum in der Lage nachzuweisen, was alles in dem Schließfach deponiert war. Sogar eine in der Wohnung des Verstorbenen aufgefundene Inventarliste wäre kein brauchbarer Beweis.

Exkurs: Kryptowährungen sicher aufbewahren

Bitcoin & Co. sind aus dem Währungskosmos nicht mehr wegzudenken – trotz der bisweilen atemberaubenden Volatilität. Wer über seine Kryptos verfügen möchte, braucht aber einen privaten Zugangsschlüssel. Sogenannte Cold-Storage-Lösungen, die nicht an das Internet angeschlossen sind, wie Paper-Wallets oder Ledgers (Hardware-Wallets), gelten als sicher, zum Beispiel vor Hackerangriffen. Doch wie sollte man diese Wallets aufbewahren?

Der Siegeszug der rein virtuellen Kryptowährungen begann am 1. November 2008 und damit am Anfang der internationalen Finanzkrise. Ein Unbekannter mit dem angeblichen Namen Satoshi Nakamoto (mit großer Wahrscheinlichkeit handelt es sich dabei um ein Pseudonym) veröffentlichte ein Whitepaper mit dem sperrigen Titel »Ein distribuiertes Zeitstempelsystem für Verträge«. Niemand konnte damit etwas anfangen, und deshalb lasen auch nur wenige dieses Whitepaper, in dem der oder die Autor(en) den späteren Bitcoin beschrieb(en). Anfang des Jahres 2009 entstand dann das Bitcoin-Netzwerk, und am 3. Januar 2009 wurden die ersten Bitcoins geschaffen.

Nakamotos (oder wie immer er auch heißen mag) neues Währungssystem sorgte rasch für Aufsehen in der internationalen Digitalszene. Die Bitcoins machten schnell Karriere – und einige mutige Spekulanten ziemlich reich. Bitcoins werden erzeugt, indem man kryptische Berechnungen durchführt (deshalb werden Bitcoins & Co. auch »Kryptos« oder »Kryptowährungen« genannt). Diesen Vorgang bezeichnet man als »Mining«. Ein normaler Computer würde wahrscheinlich mehrere Jahre benötigen, um die komplexen Rechenblöcke des Minings zu lösen. Daher bilden die »Miner« in der Regel größere Rechnerpools. Kryptos basieren auf der sogenannten Blockchain-Technologie. Dabei handelt es sich, vereinfacht ausgedrückt, um eine Datenbank, in der kontinuierlich Informationen gespeichert werden und die dezentral in einem Netzwerk von vielen Teilnehmern gleichzeitig verwaltet wird. Aufgrund von Verschlüsselungsalgorithmen kann keiner der Teilnehmer die Datenbank im Nachhinein verändern oder fälschen.

Inzwischen gibt es nach Schätzungen von Experten etwa 3000 Kryptowährungen.[44] Die meisten von ihnen spielen wegen ihrer geringen Marktkapitalisierung aber keine Rolle. Nur etwa 100 Kryptos erreichen einen täglichen Handelsumsatz von über 1000 US-Dollar. Die zehn bedeutendsten Kryptos haben wir in der folgenden Tabelle zusammengefasst:

Kryptowährungen unterliegen (noch) keiner staatlichen Kontrolle und werden nicht von Banken reguliert. Allerdings arbeiten die großen Notenbanken, wie die EZB, bereits an einer »digitalen Antwort« auf die Kryptos. So untersucht die Europäische Zentralbank seit Herbst 2021 konkret, wie ein digitaler Euro in Zukunft aussehen könnte. Diese Untersuchungsphase dürfte etwa 2 Jahre dauern. Auch andere Zentralbanken arbeiten an »Central Bank Digital Currencies« (CBDC).

Die größten Kryptowährungen nach Marktkapitalisierung 2021

Platz	Kryptowährung	Kürzel	Marktkapitalisierung
1.	Bitcoin	BTC	893,2 Mrd. US-Dollar
2.	Ethereum	ETH	400,9 Mrd. US-Dollar
3.	Cardano	ADA	76,6 Mrd. US-Dollar
4.	Binance Coin	BNB	71,3 Mrd. US-Dollar
5.	Tether	USDT	68,3 Mrd. US-Dollar
6.	XRP	XRP	50,9 Mrd. US-Dollar
7.	Solana	SOL	46,7 Mrd. US-Dollar
8.	Polkadot	DOT	35,9 Mrd. US-Dollar
9.	Dogecoin	DOGE	31,9 Mrd. US-Dollar
10.	USD Coin	USDC	29,2 Mrd. US-Dollar
Insgesamt			**1704,9 Bill. US-Dollar**

Quelle: Coinmarketcap.com, Stand: 15. September 2021

Manche mögen die Kryptos anfangs für eine Art »Spinnerwährung« gehalten haben, doch mittlerweile zweifelt niemand mehr daran, dass Bitcoins und die anderen führenden Digitalwährungen künftig einen festen Platz im Weltwährungssystem haben werden. Bemerkenswert ist freilich die Volatilität, also die Schwankungsintensität, der Kryptos, wie ein Blick auf das erste Halbjahr 2021 zeigt. Zu Beginn dieses Jahres lag der Bitcoin-Kurs noch bei knapp 30 000 US-Dollar. Unter anderem Tweets des US-Unternehmers Elon Musk hievten den Bitcoin-Kurs dann fast auf 65 000 US-Dollar, bevor er im Juni wieder auf unter 30 000 Dollar zurückfiel. Das zeigt: Der Kurs der Kryptos wird auch in erheblichem Maße von Spekulanten getrieben. Das sollte jeder wissen, der sich mit dem Gedanken trägt, angesichts der Unsicherheiten von Fiat-Money in Kryptos zu investieren.

Vor allem aber gelten Kryptos als Zahlungsmittel. So stellt sich die Frage, wo Bitcoins oder anderes Cybergeld aufbewahrt werden sollte. Schließlich kann man auch digitales Geld »verlieren«. Auf Girokonten funktioniert die Verwahrung jedenfalls nicht. In einer konventionellen

Brieftasche? Da kommen wir der Sache schon einen kleinen Schritt näher. Nur dass es sich eben nicht um eine Brieftasche aus Leder handelt, sondern um eine virtuelle Brieftasche (Wallet), die der Nutzer auf seinem Computer oder Smartphone installiert. Neben der Onlinespeicherung in diesen virtuellen Wallets haben sich Papier-Wallets und sogenannte Ledgers (Hardware-»Brieftasche«, ähnlich einem USB-Stick) durchgesetzt.

Wichtig ist die sichere Aufbewahrung der privaten Zugangsschlüssel (Private Keys). Nur diese erlauben es nämlich, Bitcoins innerhalb des Netzwerks an einen anderen zu verschicken. Wer über diese privaten Zugangsschlüssel verfügt, hat somit auch Zugriff auf die dazugehörigen Bitcoins. Wichtig: Wer seine Bitcoins auf einer Handelsbörse verwahrt, ist nicht im Besitz des erwähnten Private Keys. Diese digitalen Schlüssel werden nämlich im Auftrag des Nutzers von der Handelsbörse gehalten. »Für einen Nutzer ist das bequem, bedeutet in der Konsequenz aber auch, dass man seine Bitcoins nicht selbst besitzt«, warnen die Experten von Swissgoldsafe.[45] »Bleibt einem beispielsweise der Zugang zu seinem Account bei der entsprechenden Handelsbörse verwehrt, kann man seine Bitcoins nicht verschicken, weil man keinen Zugriff auf dieselben hat.« So mancher Nutzer habe nach einem Hackerangriff auf eine Handelsbörse feststellen müssen, dass ihm seine Bitcoins verlustig gegangen seien.

Den Goldstandard zur Aufbewahrung der Zugangsschlüssel bieten nach Ansicht der Schweizer Experten die erwähnten Hardware-Wallets. Diese generierten private Zugangsschlüssel, die nie in Berührung mit dem Internet kommen. Daraus ergibt sich jedoch die nächste Frage: Wie kann man sein Hardware-Wallet sicher verwahren? Natürlich kann man diese zu Hause verstecken; allemal sicherer ist indessen die Lagerung in einem Wertschließfach. Dort sind die Hardware-Wallets und damit letztlich die eigenen Bitcoins vor Feuer und Diebstahl geschützt. Doch Vorsicht: Der Verlust von Wallets und damit des Kryptogeldes ist auch bei einer Schließfachverwahrung nicht versichert. Letztlich deckt die Versicherung des Wertschließfachanbieters lediglich den geringen Gegenwert der Hardware-Wallets beziehungsweise bei Paper-Wallets nur den Wert des physischen Papiers ab, nicht aber die Anlage in Kryptowährungen.

5.

Kleines Lexikon
rund um Sachwerte

Anlagemünzen

Münzen, die vor allem Anlagezwecken dienen. Das heißt, dem Käufer geht es darum, physische Edelmetalle zu erwerben, also zum Beispiel Gold, Silber, Platin oder Palladium. Anlagemünzen werden meist in hoher Auflage und höchster Reinheit geprägt. Zu den bekanntesten gehören der Wiener Philharmoniker, der Canadian Maple Leaf, der Krügerrand und die australische Kookaburra-Silbermünze.

Antiquitäten

Künstlerische oder kunsthandwerkliche Gegenstände, die in der Regel mindestens 100 Jahre alt sein sollten. Das Wort Antiquitäten leitet sich vom Lateinischen *antiquitas* (»Altertum«) ab. Die Palette der Antiquitäten ist breit gefächert. Sie reicht von Möbel, Schmuck, Uhren und anderen Sammelobjekten bis hin zu Gebrauchsgegenständen, landwirtschaftlichen Geräten und Küchenutensilien sowie Bücher und Zeitungen (antiquarisch). Nach der DIN-Norm 68871 müssen antike

Möbel mindestens 100 Jahre alt sein und dürfen nicht durch Restaurierung wesentlich verändert worden sein. Verkehrsmittel gelten ab 75 Jahren, Spielzeug, Teppiche und Uhren ab 50 Jahren als antik.

Aufgeld/Abgeld

Unter Aufgeld versteht man die Prämie, die der Käufer eines Auktionsobjekts, also der Höchstbieter, an das Auktionshaus zahlt. Die Höhe des Aufgeldes ist üblicherweise abhängig von der Höhe des Zuschlags. Umgekehrt ist das Abgeld die Prämie, die der Einlieferer beim erfolgten Verkauf an das Auktionshaus zahlt. Das Abgeld ist in der Regel ebenfalls abhängig von der Höhe des Zuschlags. Die genauen Details sind in den Versteigerungsbedingungen der jeweiligen Auktionshäuser geregelt.

Auktionen/Auktionshaus

Auktionen sind eine besondere Form des Verhandelns über einen Kaufpreis. Die Kaufinteressenten (Bieter) geben ihre Gebote ab, der Höchstbieter erhält das Auktionsgut. Daneben gibt es sogenannte Rückwärtsauktionen mit absteigenden Geboten. Sind mehrere Bieter an einem bestimmten Angebot interessiert, kommt es bisweilen zu Bietergefechten mit deutlich steigenden Geboten. Wird ein Angebot nicht verkauft, so kommt es in den Nachverkauf, der unmittelbar nach einer Auktion beginnt und meist 4 Wochen dauert. Die Höhe des Nachverkaufspreises entspricht in der Regel dem Aufruf. Neben den großen Auktionshäusern mit einem breiten Portfolio an Angeboten gibt es zahlreiche Spezialauktionshäuser, zum Beispiel für Kunst, Uhren, Briefmarken, Oldtimer, Spielzeug, Wein usw.

Avers

Bezeichnung für die Haupt- beziehungsweise Vorderseite einer Münze. Der Begriff leitet sich vom lateinischen Wort *adversus* ab, was so viel bedeutet wie »zugekehrt«. Üblich ist die Abkürzung Av. Auf der

Vorderseite einer Münze erscheinen in der Regel die Hoheitszeichen des betreffenden Staates, der die Münze ausgibt.

Brennen (von Farbedelsteinen)

Behandlungsmethode von Farbedelsteinen, die primär zur Farbverstärkung angewendet wird und nicht deklarationspflichtig ist.

Bullion Coins

Auch: Anlagemünzen. Diese Münzen werden in der Regel in hohen Auflagen geprägt und dienen in erster Linie als Objekt der Geldanlage. Bullion Coins gibt es in Gold, Silber, Platin und Palladium sowie in verschiedenen Größen beziehungsweise Gewichten (siehe Unze). Während bei Sammlermünzen der Seltenheitswert im Vordergrund steht, geht es bei Bullion Coins um den reinen Materialwert. Alte Krügerrand-Münzen, die in geringer Auflage erschienen sind, oder auch Wiener Philharmoniker-Münzen, die noch auf Schilling (also nicht auf Euro) lauten, erzielen bisweilen Preise, die etwas über dem reinen Materialwert liegen. Die bekanntesten Anlagemünzen sind der Krügerrand (Südafrika), Maple Leaf (Kanada), American Eagle und American Buffalo (beide USA), Nugget, Kangaroo und Lunar (Australien), Panda (China), Wiener Philharmoniker (Österreich) und Britannia (Großbritannien).

Bilder: © VDR, © Björn Wylezich/stock.adobe.com;
© WellyWelly/Shutterstock.com

Bild: © peterschreiber.media/stock.adobe.com

Carat (Karat)

Das Carat (Karat) ist eines der vier wichtigsten Qualitätsmerkmale – der sogenannten 4 Cs –, die herangezogen werden, um den Preis von Edelsteinen zu bestimmen. Es ist eine Maßeinheit für das Gewicht von Diamanten und anderen Edelsteinen, wobei ein Karat 0,2 Gramm entspricht. Alternativ zur Angabe in Karat ist bei sehr kleinen Diamanten auch die Angabe in Punkten gebräuchlich. Dafür wird ein Karat in 100 Punkte unterteilt; ein Halbkaräter hat folglich ein Gewicht von 50 Punkten.

Cut

(Schliff). Darunter versteht man die Bearbeitung eines Diamanten. Er entscheidet darüber, wie schön und wertvoll das Schmuckstück wird. Das handwerkliche Können wird nach der Brillanz des Steins beurteilt. Den Schliff darf man aber nicht mit der Schliffform (zum Beispiel Brillant- oder Smaragdschliff) verwechseln. Ein guter Schliff misst sich daran, dass optimale Brillanz und Farbzerlegung erreicht werden. Bei einem ideal geschliffenen Diamanten wird das einfallende Licht völlig reflektiert. Ist der Stein jedoch zu flach oder zu hoch geschnitten, klappt das nicht. Der Stein verliert an Brillanz.

Edelmetalle

Unter diesen Begriff fallen Metalle, die nur schwer mit anderen Stoffen reagieren. »Edel« steht in der Chemie also für »reaktionsarm« oder »reaktionsträge«. Das heißt, Edelmetalle reagieren zum Beispiel im Gegensatz zu Eisen nicht sehr schnell mit Sauerstoff und bilden kein Oxid. Zu den Edelmetallen gehören neben Silber und Gold auch Palladium und Platin.

Einschlüsse

Gasblasen, Flüssigkeitstropfen oder feste Körper, die in wachsende Kristalle (Edelsteine) eingeschlossen wurden. Einschlüsse können mikroskopisch klein und mit bloßem Auge nicht zu erkennen sein, oder aber ziemlich deutlich. Man bezeichnet sie als *innere Merkmale*. Je kleiner die Einschlüsse sind, desto besser kann das Licht den Stein durchdringen, und desto wertvoller ist der Diamant.

Ewiger Kalender

Besonders aufwendige Komplikation in einer Uhr, die das Datum, den Wochentag und den Monat anzeigt. Der Ewige Kalender berücksichtigt dabei nicht nur – wie der Jahreskalender – die unterschiedliche Länge der Monate, sondern auch die Schaltjahre. Meist wird zusätzlich noch die vierstellige Jahreszahl angezeigt. »Große Komplikationen« kombinieren den Ewigen Kalender zudem mit weiteren Komplikationen, wie etwa einer Mondphase und/oder einem Chronografen.

Bild: © Ingrid/stock.adobe.com

Fancy Diamonds

Farbige Diamanten (Fancy Colours). Reine intensive Farben sind sehr selten bei Diamanten und deshalb wertvoll. Statistisch gesehen, befindet sich unter 100 000 Diamanten nur ein echter Fancy-Diamant. Die inzwischen geschlossene Argyle-Diamantenmine in Australien war die wichtigste Fundstätte für pinkfarbene bis rote Fancy Diamonds. Die Farbe eines Diamanten kann auch künstlich verändert werden. Das muss aber im Zertifikat angegeben werden.

Farbgrad

Einteilung der Diamanten nach dem Grad ihrer Farbsättigung (Colour).

Fluoreszenz

Leuchten, Strahlen. Diamanten weisen bei ultraviolettem Licht ein unterschiedlich starkes Leuchten (Fluoreszenz) auf. Das Feld reicht von keiner Fluoreszenz bis zu sehr starker. Da UV-Strahlen sowohl im Sonnenlicht vorkommen als auch in künstlichem UV-Licht, sollte man auf die Fluoreszenz achten. Stark fluoreszierende Steine können zum Beispiel im Sonnenlicht milchig oder ölig aussehen. Auch wenn ein Schmuckstück aus mehreren Diamanten mit unterschiedlicher Fluoreszenz besteht, ist die Gesamtwirkung möglicherweise nicht ideal. Experten empfehlen weniger Fluoreszenz.

»Good-delivery«

Englischer Begriff, steht für »in guter Auslieferung«. Er steht gleichsam als Gütesiegel für Edelmetallbarren, das die eingeprägte oder gestanzte Feinheit und das Gewicht bestätigt. Barren dieser Art entsprechen dem Weltstandard und werden daher rund um den Globus gehandelt und akzeptiert.

Grain (Perlen)

Gewichtseinheit des Perlenhandels. 1 Karat (Carat) entspricht 4 Crains. Meistens wird eine Perle mit ihrer Größe (Durchmesser in Millimetern) beschrieben und nicht mit ihrem Gewicht. Trotzdem kann das Gewicht einer Perle ebenso nach Grain definiert werden, besonders, wenn die Perle sehr groß ist. Das Gewicht einer Perle wird normalerweise in Karat, Grain oder Momme angegeben. Typischerweise werden Zuchtperlen in Karat oder Momme gewogen, während Naturperlengewichte in Grain angegeben werden.

Investmentmarken

Briefmarken, die lediglich als Kapitalanlage mit dem Ziel eines späteren gewinnbringenden Verkaufs dienen, werden als Investmentmarken bezeichnet. Investmentmarken gelten mithin als Anlagevermögen. Postwertzeichen wurden damit zum unmittelbaren Spekulationsobjekt erhoben, ihr Besitz diente also lediglich kommerziellen, nicht mehr philatelistischen Zwecken. Eine besondere Form der Investmentmarken waren die sogenannten Briefmarken-Wertpakete (Briefmarkenaktien), die von einem Briefmarkenhaus in der Bundesrepublik um 1970 über Banken vertrieben wurden.

Bild: © nemo 1963/stock.adobe.com

Jubiläumsmünzen

Gedenkmünzen, die zu außergewöhnlichen Anlässen auf den Markt kommen. Das können zum Beispiel königliche Hochzeiten oder auch Thronjubiläen sein. Für Kapitalanleger sind solche Münzen in der Regel uninteressant, sie kommen allenfalls für Sammler infrage.

Karat (Gold)

Feingehalt von Gold. Der Goldgehalt einer Legierung in Karat entspricht dem Gewichtsanteil in 1/24-Teilen: Einkarätiges Gold enthält 1/24 Gewichtsanteil Gold (= 4,167 Prozent). Gold mit 24 Karat enthält 24/24 Gewichtsanteile Gold.

Komplikationen

Wertsteigernde Zusatzfunktionen einer (Armband-)Uhr. Üblicherweise gilt: Je mehr Komplikationen, desto teurer die Uhr. Zu den bekanntesten Komplikationen zählen unter anderem Ewiger Kalender, Repetition, Chronograph und Tourbillon

Kurantmünzen

Münzen, bei denen der Edelmetallgehalt dem tatsächlichen Geldwert entspricht. Kurantmünzen bestehen meist aus Silber oder Gold.

Legierung

Metallischer Werkstoff, der aus mindestens zwei Elementen besteht. Für Schmuck und Uhren wird üblicherweise eine Legierung aus 75 Prozent Feingold (18 Karat) beziehungsweise 58,5 Prozent Feingold (14 Karat) verwendet. Bei Gelbgold handelt es sich meist um eine Legierung aus Feingold, Kupfer und Silber. Rotgold besteht aus einer Feingold- und Kupferlegierung, Weißgold schließlich aus Feingold, Palladium und Nickel.

Lupenrein

Ausdruck für den Reinheitsgrad eines Diamanten. Lupenrein bedeutet, dass bei zehnfacher Vergrößerung mit einer Lupe für den geübten Fachmann keine inneren Merkmale (siehe Einschlüsse) zu erkennen sind.

Bild: © ronstik/stock.adobe.com

Medaille

Gedenk- oder Schauprägung, die zu besonderen Gelegenheiten herge-stellt, als Ehrenauszeichnung vergeben oder als Schmuck oder Kunst-objekt (Medaillon) geschaffen wird. Im Gegensatz zur Münze ist eine Medaille kein offizielles Zahlungsmittel und wird daher auch mit kei-nem Nennwert versehen.

Michel-Katalog

Standardwerk für Philatelisten. Der Katalog besteht aus mehreren Tei-len. Für jede Marke sind zwei Spalten vorgesehen, in postfrischer und gestempelter Erhaltung. Die Preisnotierungen des Michel-Katalogs sind bei Sammlern bisweilen umstritten, da sie oft deutlich über den durchschnittlichen Marktpreisen liegen. Die Michel-Notierungen erge-ben sich angeblich aus dem Maximalpreis einer Briefmarke im Handel.

Nonvaleurs

Das französische Wort *nonvaleur* bedeutet eigentlich »nichts wert«. Der Begriff steht aber auch für historische Wertpapiere, vor allem Aktien. Da diese an der Börse nicht mehr gehandelt werden, sind sie eigentlich wert-los. Das stimmt aber nur zum Teil, denn inzwischen ist ein wachsender Markt von aktiven Sammlern entstanden, die zum Teil recht hohe Preise für gesuchte historische Aktien zahlen. Zu unterscheiden sind seltene (Raritätsgrad R) Nonvaleurs in sehr gutem Erhaltungszustand, die sich durchaus als Form der alternativen Geldanlage eignen, und günstige his-torische Aktien ohne nennenswerten Sammlerwert, die vor allem als

Wanddekoration (zum Beispiel in Büros) genutzt werden. Sammler unterscheiden zudem zwischen den wertvolleren unentwerteten und den durch Stempel oder Lochung entwerteten Nonvaleurs. Liebhabern historischer Aktien sei ein Besuch im Schweizer Finanzmuseum (Zürich) empfohlen, das von der Stiftung Sammlung historischer Wertpapiere betrieben wird. In deren Besitz befindet sich eine der weltweit bedeutendsten Sammlungen historischer Wertpapiere, die rund 10 000 Wertpapiere aus über 150 Ländern umfasst.

Prägefrisch

Prägefrische Münzen sind unzirkuliert, stammen aber aus der laufenden Produktion und sind nicht handgehoben. Prägefrische Münzen weisen den Erhaltungszustand »Stempelglanz« auf, sofern sie nicht bei der Herstellung oder beim Transport beschädigt wurden.

Revers

Bezeichnung für die Rückseite einer Münze.

Sammler-Goldbarren

Numismatische Goldbarren. Historische, gegossene Goldbarren, zum Beispiel von Johnson Matthey, A. Bugenhat oder auch Thurn und Taxis. Sammler dieser Goldbarren sind bereit, hierfür einen Preis deut-

Bild: © VladKK/Shutterstock.com

lich oberhalb des Materialwertes zu zahlen. Der an sich ungenaue Begriff »numismatische Goldbarren« hat sich für diese Sammlerstücke eingebürgert, weil die Handelsplattform für dieses Sammelgebiet oft der Münzhandel ist.

Scheideanstalt

Auch Affinerie. Anlage, in der Metalle durch Herauslösen von Verunreinigungen in sehr reiner Form abgeschieden werden. Mithin handelt es sich um ein Trennverfahren für Metalle aus Metalllegierungen, vor allem Edelmetalle wie Gold.

Schliffformen

Form eines geschliffenen Diamanten. Es gibt verschiedene Schliffformen, wie zum Beispiel rund, oval, achteckig, tropfenförmig usw. Oft werden die Schliffarten als Schliffform bezeichnet. Bei der Schliffart (cutting style) unterscheidet man zwischen Glatt-, Brillant-, Treppen- und gemischtem Schliff. Letzterer ist eine Kombination aus Treppen- und Brillantschliff. Die häufigste Schliffart bei Diamanten ist der klassisch runde Brillantschliff. Schliffform- und -art werden im Handel meist synonym verwendet. Der Smaragdschliff ist ein achteckiger Treppenschliff, der oft bei Smaragden angewendet wird. Weitere beliebte Schliffformen sind der Tropfenschliff – ein tropfenförmig geschliffener Diamant –, der Navettenschliff und der Herzschliff. Auch vom klassischen Brillantschliff (Full Cut) gibt es mehrere Arten, zum Beispiel den runden Brillantschliff mit 18 Facetten (Single Cut), den Old Mine Cut mit 58 Facetten sowie den Old European Cut.

Tourbillon

Diese Komplikation in einer mechanischen Uhr gilt als Krönung der Uhrmacherkunst. Für einen solchen Luxuszeitmesser muss man fünf- bis sechsstellige Summen investieren. Allerdings gibt es inzwischen auch »Billig-Tourbillons« aus China, die vor allem über TV-Verkaufska-

Triple-Achs-Tourbillon Armbanduhr von Thomas Prescher.
Drehung 1. Achse: 1/min; 2. Achse: 1/min und 3. Achse 1/h.
Sportliches Design; Bild: © H. Prescher/commons.wikimedia.org

näle für zum Teil unter 1000 Euro angeboten werden. Entwickelt wurde
diese filigrane Komplikation vom legendären Uhrmachermeister Abra-
ham Louis Breguet (1747–1823). Das Tourbillon (dt. Wirbelwind) sollte
die Ganggenauigkeit von Taschenuhren optimieren. Einmal vom geni-
alen Uhrmachermeister Breguet erfunden, sind seine Nachfolger seither
weltweit bestrebt, diesen Mechanismus weiterzuentwickeln und eigene
Manufaktur-Tourbillons zu kreieren. Grundsätzlich zu unterscheiden
sind klassische Tourbillons von den sogenannten »fliegenden« Tourbillons. Das klassische Tourbillon weist auf der Oberseite eine Brücke zur
Lagerung des Käfigs auf. Dadurch ist dieses Tourbillon stabil und hat
eine hohe Stoßsicherheit. Der Uhrmacherlehrer Alfred Helwig entwickelte 1920 das »fliegende« Tourbillon, bei dem der Käfig nur auf der
Unterseite gelagert ist. Dadurch entsteht der Eindruck, als »flöge« das

Drehgestell. Vor allem aus ästhetischen Gründen machte auch dieses Tourbillon Furore. Das »Drei-Brücken-Tourbillon«, vor über 150 Jahren erstmals auf den Markt gekommen, gilt als Ikone und als das bekannteste Modell der Schweizer Manufaktur Girard-Perregaux.

Unruh

Die Unruh in einer Uhr, auch Balance oder Gangregler genannt, ist ein taktgebendes Schwungrad, welches das gleichmäßige Vorrücken der Zeiger über das Räderwerk ermöglicht. Ihr kommt die Aufgabe einer Schwungmasse zu: Sie muss die Spiralfeder immer wieder in die Ruhelage zurückführen. Durch Abstimmung von Unruh und Spirale wird die gewünschte Schwingungszahl erreicht. Die Unruh wird in Rubinlagern gehalten. Das Wellenende hat eine Stärke von rund 0,1 Millimeter. Heute sind durch das Verwenden spezieller Materialien störende Einflüsse wie Temperaturschwankungen und Schwankungen der Federkraft weitgehend ausgeschaltet.

Unze

Gewichts- und Maßeinheit, insbesondere bei Edelmetallen. 1 Unze entspricht 31,1034807 Gramm. Die Unze ist das Zwölftel eines Pfundes.

Unzirkuliert

Dieser numismatische Begriff steht für bankfrische Münzen, die sich noch nicht im Umlauf befanden (also noch nicht zirkuliert sind).

»Vier-C«

Wertbestimmende Faktoren für einen Diamanten. Die 4 Cs stehen für Carat (Gewicht), Clarity (Reinheit), Colour (Farbe) und Cut (Schliff). Allerdings ist diese 4-C-Formel überholt. Tatsächlich kommen noch weitere qualitätsentscheidende Parameter zur Beurteilung des Wertes eines Diamanten hinzu, nämlich die Schliffausführung, die Frage, welches Institut das Zertifikat ausgestellt hat (bei sehr teuren Diamanten sollte unbedingt auf ein Zertifikat des US-amerikanischen gemmologischen Instituts GIA geachtet werden), und schließlich darf es sich nicht um Blut- oder Konfliktdiamanten handeln, denn das würde den Wert des Edelsteins drastisch reduzieren.

Vintage-Uhren

Dieser Begriff ist nirgendwo allgemeinverbindlich definiert. Allerdings sollte eine Vintage-Uhr vor 1990 gefertigt worden sein. Manche Sammler sprechen erst bei einer Fertigung vor 1980 von »vintage«. Diese bei Uhrenfreunden sehr begehrten Zeitmesser zeichnen sich durch ein zeitloses Design, die entsprechende Patina und ein hohes Maß an Originalität aus (ersetzte Einzelteile sollten die gleiche Referenznummer aufweisen). Der Gehäusedurchmesser der Vintage-Uhren ist in der Regel deutlich kleiner als der aktueller Modelle (zwischen 32 und 38 Millimeter). Zu unterscheiden sind echte Vintage-Uhren von zeitgenössischen Uhren im Vintage- oder Retro-Design.

Zeigerwerk

Das Zeigerwerk einer Uhr dient der Zeitanzeige. Viertelrohr mit Zahnkranz (auch Minutenrohr genannt), Wechselrad, Stundenrad und Zeigerstellrad bilden das Zeigerwerk. Hierbei wird die Drehbewegung des Minutenrads im Verhältnis 12:1 auf das Stundenrad mit Zeiger übertragen. Um die Zeiger stellen zu können, besteht zwischen Minutenradwelle und Viertelrohr, das den Minutenzeiger trägt, eine Reibungsverbindung. Durch Ziehen der Krone wird über die Aufzugswelle das Verstellen der Zeiger ermöglicht.

Zertifikat

Expertise für Edelsteine, vor allem Diamanten, ausgestellt von gemmologischen Instituten (auch Graduierungsbefund oder englisch Certificate genannt). Die führenden internationalen gemmologischen Institute sind: GIA (Gemological Institute of America), HRD (Hoge Raad voor Diamant) und IGI (International Gemological Institute).

Zollfreilager

Investoren können ihre physischen Edelmetallbestände in einem Zollfreilager aufbewahren lassen, zum Beispiel in der Schweiz. Sie sparen damit die beim Kauf ansonsten fällige Mehrwertsteuer (Ausnahme Gold, das Sie in der EU mehrwertsteuerfrei erwerben können). Lässt sich der Kunde später seine im Zollfreilager aufbewahrten Münzen oder Barren aushändigen, muss er die Mehrwertsteuer bei der Einreise zum Beispiel nach Deutschland nachträglich entrichten.

Nachwort

In diesem Buch habe ich Sie auf einer kleinen Reise durch die Welt diverser (alternativer) Sachwerte begleitet: Von der Auswahl des Wertgegenstandes über den Kauf bis hin zur sicheren Aufbewahrung. Ich hoffe, diese Reise hat Ihnen Freude bereitet und Sie möglicherweise auch in Themen eingeführt, die bisher nicht im Mittelpunkt Ihres Interesses standen. Nicht jeder sieht zum Beispiel in teuren Luxusuhren oder seltenen Briefmarken ein geeignetes Anlagemedium. Für viele ist der Kauf von Edelmetallen neben Immobilien und Aktien das vorrangige Investment, wenn es um Sachwerte geht.

Aber ein Investment darf, wie ich meine, auch Freude bereiten. Der eine erfreut sich an seiner Kollektion von Goldmünzen, der andere liebt historische Aktien, wieder andere erfreuen sich am faszinierenden Feuer von Diamanten und an seltenem Schmuck. Und der Schmuck des Mannes ist eben – die Armbanduhr.

In was Sie auch investieren, passen Sie stets gut auf alles auf, was Ihnen lieb und teuer ist. Sparen Sie nicht am falschen Ende, wenn Sie sich einen Tresor anschaffen oder aber ein Wertschließfach anmieten. Natürlich wissen wir alle, dass es 100-prozentige Sicherheit nicht geben kann. Restrisiken bleiben immer. Es kommt daher darauf an, diese Restrisiken so gering wie möglich zu halten. Ich hoffe, das vorliegende Buch konnte Ihnen hierzu einige Anhaltspunkte liefern.

Ich wünsche Ihnen eine glückliche Hand bei Ihren Investments und viel Freude mit Ihren Hobbys. Schön, wenn beides zusammenkommt.

Ihr
Michael Brückner

Literatur

Bandulet, Bruno; Boehringer, Peter; Faber, Marc; Schulte, Thorsten und Speck, Dimitri: *Insiderwissen Gold*, Rottenburg, 2015.

Biallo, Horst: *Hilfe! Ich kaufe Gold*, München 2017.

Brückner, Michael: *Uhren als Kapitalanlage*, 3. Aufl., München 2021.

Brückner, Michael: *50 Sachwerte, die Sie gut schlafen lassen*, München, 2013.

Grallert, Wolfram: *Lexikon der Philatelie*, 3. Aufl., Schwalmtal 2015.

Hoffmann, Oliver: *Vom nützlichen Luxus – Uhren als alternatives Investment*, Kulmbach 2020.

Merschbacher, Adam: *Sicherheitsfibel*, Wiesbaden 2018.

Müller, Gisela: *Facettenreich investieren in Farbedelsteine und Diamanten*, Berlin 2014.

Quellen und Anmerkungen

Alle hier aufgeführten Links waren bei Redaktionsschluss aufrufbar. Sollte dies bei Drucklegung nicht mehr der Fall sein, kann der entsprechende Link in der Regel beim Internetarchiv *(http://archive.org/web/)* gefunden werden.

1 *https://www.bild.de/news/ausland/news-ausland/ jugendliche-finden-goldschatz-in-israel-1100-jahre-alt-aeusserst- wertvoll-72546680.bild.html.*

2 *https://www.t-online.de/nachrichten/panorama/kriminalitaet/ id_87396638/tunnelraub-von-berlin-steglitz-wer-raeumte- schliessfaecher-einer-bank-aus-.html.*

3 *https://www.welt.de/vermischtes/article119396903/ Berliner-Einbrecher-graben-sich-fast-bis-zum-Tresor.html.*

4 Michael Brückner: *50 Sachwerte, die Sie gut schlafen lassen,* München 2013, S. 142 ff.

5 *https://www.nzz.ch/finanzen/wein-als-geldanlage-mehr- genuss-als-beim-gold-ld.1592468.*

6 *https://www.biallo.de/geldanlage/ratgeber/ so-vermeiden-sie-negativzinsen/.*

7 Prof. Dr. Dieter Frey: »Das Sammeln aus psychologischer Perspektive«, in: *Forschung & Lehre,* April 2004.

8 »Polierte Platte« = höchste Prägequalität.

9 Volker Nied: *Vorbereitung auf den finalen Crash,* Rottenburg 2020, S. 99.

10 RFID = *Radio-Frequency Identification,* funkgesteuerte Datenträger mit Silberantenne.

11 Michael Brückner: »Wenn Nonvaleurs ein kleines Vermögen wert sind«, in: *Kopp exklusiv* 29/20.

12 *https://bfv-ag.de/sind-nonvaleurs-etwas-wert/.*

13 Sommese, Antonio; Brückner, Michael: *Alle reden vom Crash – bleiben Sie cool*, München 2020, S. 167 f.

14 Quelle: *Kopp exklusiv* 28/21, S. 3 ff.

15 Zitiert nach: Brückner, Michael: *50 Sachwerte, die Sie ruhig schlagen lassen*, München 2013, S. 156 f.

16 Prof. Dr. Oliver Hoffmann: *Vom nützlichen Luxus – Uhren als alternatives Investment*, Kulmbach 2021, S. 280.

17 Siehe auch: Brückner, Michael: *Achtung Bargeldverbot! Auf dem Weg zum gläsernen Kontosklaven*, Rottenburg 2016.

18 *https://www.welt.de/finanzen/article229632045/Voellig-ueberholt-Warum-Bargeld-in-Deutschland-trotzdem-boomt.html.*

19 Ebenda.

20 Quelle: *Kopp exklusiv* 28/21, S. 3 ff.

21 *https://computerbild.de/test-vergleich/moebeltresor-test/.*

22 Merschbacher, Adam: *Sicherheitsfibel*, Wiesbaden 2018, S. 37 ff.

23 Merschbacher, Adam: »Tresore als Wertbehältnisse«, in *Sicherheitsfibel*, Wiesbaden 2018, S. 195 ff.

24 Ebenda.

25 Quelle: *https://finanzkun.de/artikel/die-kluegsten-verstecke-in-der-wohnung/.*

26 Ebenda.

27 Merschbacher, Adam: *Sicherheitsfibel*. Wiesbaden 2018, S. 313 ff.

28 *https://de.wikipedia.org/wiki/Panikraum.*

29 *https://www.boerse-online.de/nachrichten/rohstoffe/ umfrage-jeder-zehnte-deutsche-wuerde-sein-gold-im-garten- vergraben-1027368950.*

30 »Gold vergraben, aber richtig«, Spezialreport von *Goldreporter.de*, Hrsg.: eQuity Media e. K., Zirndorf 2017.

31 *https://www.werteinlagerung.de/gold-vergraben- die-wichtigsten-argumente/.*

32 Ebenda.

33 Schatzregal = rechtliche Regelung, wonach herrenlose, bis zum Zeitpunkt des Fundes verborgene Schätze mit ihrem Auffinden Eigentum des Staates werden, ohne dass dazu ein weiterer Übertragungsakt erforderlich ist.

34 *https://www.myhomebook.de/garten/schatz-im-garten-gefunden.*

35 *https://www.finanznachrichten.de/nachrichten-2021-08/ 53779997-asservato-umfrage-dokumente-und-persoenliche- gegenstaende-werden-am-haeufigsten-ausserhalb-der- eigenen-vier-waende-gelagert-007.htm.*

36 Brückner, Michael: *SOS Finanzamt*, Hamburg 2008, S. 20 f.

37 *https://weltjournal.de/behoerden-fragen-immer-haeufiger- kontodaten-ab/.*

38 *https://finanzbusiness.de/nachrichten/banken/ article12998414.ece.*

39 *https://www.tagesschau.de/wirtschaft/unternehmen/ bankschliessfaecher-101.html.*

40 *https://www.wiwo.de/erfolg/gruender/trisor-wie-ein- gruender-mit-digitalisierten-schliessfaechern-das-banksterben- kompensieren-will/26911106.html.*

41 *https://www.wiwo.de/erfolg/gruender/trisor-wie-ein-gruen- der-mit-digitalisierten-schliessfaechern-das-banksterben-kom- pensieren-will/26911106.html.*

42 *https://www.capitalo.at/gold/schliessfach-mieten.*

43 »Schließfach- und Depotlagerung«, Spezialreport von *Goldreporter.de,* Hrsg.: eQuity Media e. K., Zirndorf 2017.

44 *Kopp exklusiv,* Ausgabe 38/21.

45 *https://swissgoldsafe.ch/de/bitcoin-und-kryptoanlagen-sicher-verwahren.*

KOPP VERLAG

Bücher, die Ihnen die Augen öffnen

In unserem kostenlosen Katalog finden Sie Klassiker, Standardwerke, preisgünstige Taschenbücher, Sonderausgaben und aktuelle Neuerscheinungen.

Viele gute Gründe, warum der Kopp Verlag Ihr Buch- und Medienpartner sein sollte:

- ✔ **Versandkostenfreie Lieferung** innerhalb Europas
- ✔ **Kein Mindestbestellwert**
- ✔ **30 Tage Rückgaberecht**
- ✔ **Keine Verpflichtungen** – kein Club, keine Mitgliedschaft
- ✔ **Regelmäßige Informationen**
  über brisante Neuerscheinungen und seltene Restbestände
- ✔ **Bequem und einfach bestellen:**
  Wir sind von 6 bis 24 Uhr für Sie da – 365 Tage im Jahr!

Über 1,5 Millionen zufriedene Kunden vertrauen www.kopp-verlag.de

Ein kostenloser Katalog liegt für Sie bereit. Jetzt anfordern bei:

KOPP VERLAG

Bertha-Benz-Straße 10 • 72108 Rottenburg a. N.
Telefon (0 74 72) 98 06 10 • Telefax (0 74 72) 98 06 11
info@kopp-verlag.de • www.kopp-verlag.de